ourStory

...der Beginn eines gemeinsamen Traums

ein Gemeinschaftsprojekt der Autorinnen und Autoren
des Webportals www.myStorys.de

Verlag art of arts

Nachdruck oder Vervielfältigung nur mit Genehmigung des Verlages gestattet, die Verwendung oder Verbreitung unautorisierter Dritter, in allen anderen Medien ist untersagt. Die jeweiligen Textrechte verbleiben beim publizierenden Autor, dessen Einverständnis zur Veröffentlichung in ourStory vorliegt. Für Druckfehler keine Gewähr. Bibliografische Informationen der Deutschen Bibliothek. Die Deutsche Bibliothek verzeichnet diese Publikation in der Deutschen Nationalbibliografie – detaillierte bibliografische Daten über http://dnb.ddb.de im Internet abrufbar.

Original-Erstausgabe 2007

ISBN 3-940119-02-4
ISBN 978-3-940119-02-5

Herausgeber: Verlag art of arts
Inh. Frederic Bartl, Forchheim

Satz, Layout, Gestaltung
art of formation
Autorenhilfe - Silvia J.B. Bartl

Druck und Bindung
Winterwork - Leipzig – Grimma

printed in Germany

ourStory

ein Gemeinschaftsprojekt
der Autorinnen und Autoren des Webportals
www.myStorys.de

...der Beginn eines gemeinsamen Traums

Lyrische Impressionen
und Kurzgeschichten
verschiedener Buchstabenkünstler

...schreibst Du noch oder veröffentlichst Du schon?

Erstausgabe © 2007

Verlag art of arts www.artofarts.de

ourStory ist eine Idee, der Beginn eines Traums vom eigenen Buch, entstanden aus einzelnen Beiträgen der Autorinnen und Autoren des Internetportals www.mystorys.de - auf dem Sie viele weitere Storys und Gedichte von diesen und anderen ausdrucksstarken Schriftstellern finden.

Lassen Sie sich inspirieren und genießen die Wortkunst...

Wir sind die Gedanken die wir denken...
Wir sind die Wörter, die wir schreiben...

Wir sind die Buchstabenkünstler,
die die Ader des Herzblutes
zum Ausdruck bringen...

Wir sind die Autoren -
...denn wir sind das Buch „ourStory"

Buchinhalt

Verlagsvorwort   Seite 10
Vorwort eines Traums   Seite 13

ab Seite 14   Stefan Bartels – alias Dragonfly
Shortstory: Fly with me

ab Seite 20   Silvia J.B. Bartl – alias artofsilvia
Shortstory: Adam vs. Apple …man meets mac

ab Seite 31   Sylvia Beyen – alias SylviaB
Shortstory: Eine schicksalhafte Begegnung
Gedichte individueller Art

ab Seite 46   Heike Giuffrida - Sonnenschein
Gedichte individueller Art

ab Seite 51   Simon Käßheimer – alias Apollinaris
Shortstory: Pillanas Nachtausflug

ab Seite 58   Marianne Knip – alias MarianneK
Gedichte individueller Art

ab Seite 64   Regina Löwenstein - Reggy
Gedichte individueller Art

ab Seite 74   Michael Masomi – alias Micha2071
Shortstory: Wahrheit – Das Rennen

ab Seite 90   Roland Pöllnitz – alias Rajymbek
Gedichte individueller Art

ab Seite 103   Martina Schiereck – alias maata
Gedichte individueller Art

ab Seite 110   Daniel Schöppe – alias Dany
Shortstory: Seoul

ab Seite 116   Melanie Sickler – alias Melanie
Shortstory: Michel, Kroko und die Ollen-Wollen

ab Seite 121   Roland Spewak – alias Hausmann
Gedichte individueller Art

ab Seite 128   Sascha Tautz – alias Mondnebel
Shortstorys: Der Kapitän – Die Uhr
Gedichte individueller Art

ab Seite 139   Norbert van Tiggelen – alias Phosphorkeule
Shortstorys: Böse Onkels – Kein feiner Pinkel
Gedichte individueller Art

ab Seite 157   Detlev Zesny – alias Trollbaer
Shortstorys: Der Morgen - Nachtgedanken
Gedichte individueller Art

Autoren-Kurzvitas   ab Seite 170
Nachwort eines Traums   ab Seite 177
Verlagsschlusswort   ab Seite 179

Wir sind sehr stolz, Ihnen liebe Leser und Leserinnen, alle 16 am Buch ourStory beteiligten Autoren und Autorinnen hier vorzustellen und wünschen Ihnen viel Vergnügen beim Schmökern der poetischen Gedichte und ausgewählten Geschichten der teilnehmenden Buchstabenkünstler.

Lassen Sie sich entführen in die Welt der Worte, die Ihre Sinne berühren. Spüren Sie die Kraft deren Schwingung, die Ihnen die teilnehmenden Autoren und Autorinnen vermitteln.

Sie sind die Gedanken, die gedacht wurden...
Sie sind die Wörter, die sie schrieben...
Sie sind die Buchstabenkünstler,
die die Ader des Herzblutes zum Ausdruck brachten...
Sie sind die Autoren ...denn sie sind das Buch ourStory.

Vorwort des Verlages

Der Verlag art of arts wurde Anno 2006 mit der art of books collection ins Leben gerufen, um vor allem unbekannten Autoren und Autorinnen die Möglichkeit zu geben, ihre Werke in einem realen Buch, der Öffentlichkeit vorzustellen. Die Art of Books Collection ist eine Initiative zur Kulturförderung für Literatur unbekannter Autoren, deren Bücher über den eigenen kleinen, virtuellen Verlag herausgegeben werden. Natürlich war auch die Nachfrage nach individuellen Büchern gegeben, wie z.b. dieses Werk. Als Ideengeberin und Autorin von mehreren Büchern, kann ich, SilviaJ.B.Bartl, aus Erfahrung sagen, wie schwierig es als Schreibende/r ist, eine kostengünstige und reelle Chance auf Veröffentlichung zu bekommen. Mit unserem Know-how, auch im grafischen Bereich, möchten wir Autoren und Autorinnen helfen, ihren Traum zu verwirklichen. Die Idee, Internetpräsenzen, die Werbung, das Layout bis zur druckreifen Vorlage, sowie der Autorenservice und die Betreuung, werden von uns ohne Kostenberechnung für die gesamten Projekte, in Eigenregie übernommen. Natürlich sind auch Sonderkonditionen für Schüler oder Behinderte selbstverständlich. Weiterhin ist die Möglichkeit einer kostenlosen Veröffentlichung einer Buchseite pro Projekt für jede/n Teilnehmer/innen gegeben. Somit wird die reine Profitabsicht für die Ideengeberin als einzelne Person und auch für den herausgebenden Verlag von vorneherein ausgeschlossen. Die an der Anthologie ourStory beteiligten Schreiberinnen und Schreiber sind lediglich mit einem Bruchteil an den Herstellungskosten dieses Buches beteiligt und dürfen auf Wunsch dieses auch selbst vertreiben. Sehen Sie also dieses Projekt als Autorenhilfe an, das mit Herzblut alle Federn in Bewegung setzt.

Wir dürfen uns heute stolz und glücklich schätzen, die 16 ausdrucksstarken Autorinnen und Autoren im Buch ourStory vorzustellen. Für deren freundliche Beteiligung und Schreibfreude vielen Dank, auch dafür, dass ourStory vom Traum zum Leben erweckt wurde...

      Silvia J.B. Bartl – Autorenhilfe
      Frederic Bartl – Verlagsinhaber

Dieses Buch und alle bereits erschienenen Anthologien der art of books collection, sind über den Buchhandel erhältlich oder im Buchshop des Verlages www.artofbookshop.de.gg – hier gibt es auch verschiedene eBooks sowie das Verlagsprogramm.

Danke den teilnehmenden Federn der Wortkunst, die aus ihren Gedanken Worte formulierten, um daraus ein Buch zu erschaffen. Jeder von ihnen ist ein Teil von diesem Traum des phantastischen Ganzen, denn dies ist ourStory...

Stefan Bartels

Silvia J.B. Bartl

Sylvia Beyen

Heike Giuffrida

Simon Käßheimer

Marianne Knip

Regina Löwenstein

Michael Masomi

Roland Pöllnitz

Martina Schiereck

Daniel Schöppe

Melanie Sickler

Roland Spewak

Sascha Tautz

Norbert van Tiggelen

Detlev Zesny

All jene würden sich freuen, durch ihre Beiträge Ihre Schmökerlust ein wenig zu wecken und laden Sie herzlich ein, Ihren Geist zu beflügeln. Weitere Beiträge der einzelnen Autorinnen und Autoren finden Sie auch auf dem Internet-Portal www.myStorys.de

Herzlich willkommen in unserem Buch und viel Spaß beim Lesen von ourStory – der Beginn eines Traums, den Sie jetzt in Händen halten...

Vorwort eines Traums...

Liebe Leser!

Sie halten ein Buch in den Händen. „Natürlich!", werden Sie jetzt sagen „was denn sonst?". Nun, es ist nicht nur das schnöde gebundene Ding aus Zellstoff und Druckerschwärze, sondern ein Traum. Ein Traum der simultan in vielen Köpfen geträumt wurde und letzten Endes in die Tat umgesetzt wurde. Dieses Kleinod an Gedanken, das Sie jetzt vielleicht gekauft oder geliehen haben – vielleicht bekamen Sie es sogar mit einer kleinen Widmung von einem von uns geschenkt – spiegelt den Inhalt von Seelen wieder. Den Seelen der Autoren, die Ihr Herzblut in dieses unscheinbar anmutende Stück Druckerzeugnis investiert haben. Es ist ein Produkt des Geistes – Nein! – ein Geschenk der Phantasie an alle die dort draußen, die von uns niemals etwas gehört hätten, wäre da nicht ein Mann mit dem merkwürdigen Namen Trollbär gewesen.

Klingt unseriös? Es sind Menschen wie Trollbär, Phosphorkeule, artofsilvia, Dragonfly, Apollinaris – um nur einige zu nennen, die diesen Traum geträumt und gelebt haben.

Hier, in diesem Augenblick, in dem Sie den ersten Blick in unser Buch werfen, sind Sie am Ziel. Am Ziel Ihrer großen Wünsche und Erwartungen. Lesen Sie... Berühren Sie ehrfürchtig die Literatur die Sie in Ihren Händen halten und gehen Sie noch einen Schritt weiter. Begreifen Sie! Tauchen Sie ein in die Welten, die diese Menschen kreiert haben und träumen Sie mit uns. Wir werden unsere Bemühungen niemals aufgeben. Für Sie, für den Menschen mit der Nase im Buch, der den Geruch von neuem Buch liebt, den steifen Einband aufklappt und darin eine neue Welt erwartet und bekommt.
Das ist unsere Welt. Willkommen darin...

Im Namen der Autoren dieser Anthologie wünsche ich Ihnen viel Spaß im Traumland Literatur.

Stefan Bartels - alias Dragonfly

Fly with me

eine Kurzgeschichte

des
Autoren

Stefan Bartels

alias Dragonfly

auf dem Portal myStorys vertreten

shortstory
Fly with me

Sehen Sie mich an.
Sehe ich normal für Sie aus?
Sicherlich, ich weiß, normal wie jeder andere „Sterbliche" auf diesem Planeten auch. Wenn es doch so wäre...
Wenn nicht dieser – Hunger – wäre.
Ich sterbe vor Hunger!
(dieser Gedanke lässt mich meistens albern kichern).

Sehen Sie in meine Augen, können Sie darin lesen? Wenn Sie nur wüssten! Warum liest nicht einfach jemand darin wie in einem Buch?! Es wäre ein Bestseller, glauben Sie mir. An diesem Ort bin ich wenigstens sicher.

Sehen Sie meine Hände?
Ein wenig fahl nicht wahr? Ich habe lange nicht mehr gegessen, ich muss mich entschuldigen.
Kommen Sie nicht näher, halten Sie Abstand, ich weiß nicht ob ich Herr der Lage bin, es kann schnell „Klick!" machen, und ich könnte sehr unangenehme Dinge tun.
Oh! Haben Sie Angst um Ihre Jungfräulichkeit?
Das müssen Sie nicht, ich hege – andere Gelüste, das Fleischliche ist eher ein Mittel zum Zweck, wissen Sie?

Aber ich schwafele nur vor mich hin, setzen Sie sich doch und ich erzähle Ihnen von meiner Reise in die Welt der tragischen Komödie...

Oh wirklich, ich war ein lebenslustiger Mensch, oh ja, wie ich lebte! Ich liebte das Feiern und Trinken, die Musik und die Frauen. Ach Frauen... Wie sehne ich mich nach den schlanken Fesseln des jungen Weibes, die erquickenden Nächte in Laken und Kissen... Es ist lange her und ich gerate ins Träumen. Wissen Sie, wonach mir immer der Sinn stand? Nach den Dingen, die ich einfach tun wollte. Was kostet die Welt! Ich wollte leben um des Lebens Willen, was war schon Geld, mein Vater, meine Mutter, meine Grosseltern, sie hatten Geld wie Sandkörner am Strand des weiten Ozeans. Ich hatte Freunde wie ein reicher Junge Freunde hat, sie gaben mir nichts, ich hielt sie aus, sie waren nur ein Album, eine Kollektion von Menschen, die ich nutzte, um meine Vergnügungen der Nacht nicht allein genießen zu müssen.

Ob ich nie einsam war fragen Sie? - nein.
Ich hatte mich, ein Narziss gewiss.
Doch liebte ich mich so sehr, dass ich nicht wusste, was mir fehlte...
Jetzt nach all den – Jahren - ist es zu spät.

Hätte ich in dieser Nacht nur einen Moment, einen Sekundenbruchteil nachgedacht, wäre ich jetzt nicht hier und könnte bereits Asche und vergangen sein. Wie poetisch nicht wahr?
Aber lächeln Sie nicht, es ist tragisch –
ein Epos der Traurigkeit.

Diese Frau die ich damals traf, war so anders, dass Sie mir sofort auffiel. Sie war nicht Mainstream, sie war nicht anbiedernd wie all die anderen Flittchen, mit denen ich schlief. Sie war – mysteriös. Und das machte mich an, ich war paralysiert von der Aura dieser Frau. Und was noch viel reizvoller für mich war: Sie war genervt von mir, ich glaube ich kotzte sie regelrecht an. Wie mir das imponierte!

Ich war - entschuldigen Sie bitte meine vulgäre Wortwahl: „Geil auf Sie". Sie war sich bewusst, dass ich war reich, Sie konnte sich denken, dass mir gerade ihre Ablehnung zusätzlichen Antrieb verschaffte, sie für mich zu gewinnen. Nein - Nein! Heute weiß ich das, damals benahm ich mich

wie ein läufiger Hund. Hätte ich nur ein wenig mehr Respekt vor mir selbst und meinem Stolz gehabt, wäre ich geradewegs an ihr vorbeigegangen.
Ich tat das Gegenteil.
Und ich verlor nicht nur mein Herz an sie. In dieser Nacht, nach all den Nächten in denen ich ihr ewige Liebe schwor, Geschenke machte und ihr den Himmel auf Erden bereitete, erhörte sie mich endlich. Ich war sozusagen am Ziel meiner Träume.
Es war die Nacht in der Albträume umgingen und ich war ein Teil von ihnen.

Sie liebte mich, nein - Halt! Ich liebte *sie* mit einer Inbrunst wie ich noch keine geliebt hatte, wenn wir uns balgten, wogten, die Wellen über uns zusammenbrachen, war ich der glücklichste Mensch auf dieser Welt.
„Sie machte mich fertig", wie die jungen Menschen heute sagen würden.

Am Tag war ich so geschwächt, dass ich lieber ruhte, als mit meinen „Freunden" abzuhängen, um diese trivialen Dinge zu tun. Ich begriff nicht.
Noch nicht.

Langweile ich Sie? Oh, bitte rauchen Sie ruhig wenn Sie möchten, mir schadet es nichts, nicht wahr?

So vergingen die Nächte, die Tage entzogen sich meines Wissens, ich kann mich nicht erinnern. Wir liebten uns in der Nacht, die meiste Zeit der Nacht eigentlich. Sie tat Dinge mit mir, die keine zuvor getan hatte, ich erlebte Wonnen, Lust, Leid, Schmerz, süße ewige Erfüllung. Kommen wir aber zum Punkt. Es war ein hoher Preis. Diesen musste ich teuer bezahlen.

In der letzten Nacht in der ich sie sah, blickte sie mich an und streichelte meine Wangen, meine Brust meine Schläfen. Meine Lippen - sie zu führen und an ihre wundervolle, göttliche Brust zu reichen, war eines. Ich empfand keinen Schrecken dabei, zu sehen, wie sie sich mit ihren wundervollen Fingernägeln, einen Schnitt in die Brust zubrachte. Ihr dunkles, bitteres Blut zu lecken, war eine Wonne. Berauschend und wild. Ja wild, das ist das richtige Wort dafür. Ich bereue, können Sie sich sicher vorstellen.

Oh ja, ich bereue zutiefst.
Jetzt bin ich das was ich bin, ein Sklave der Lust, ohne jemals die fleischlichen Genüsse wieder spüren, schmecken und genießen zu können.
Ich bin so rastlos, wissen Sie?
Ein rastloser, einsamer Geist.
Und das im wortwörtlichen Sinn.

Es ist kein Leben mehr in diesem Körper, wie Sie unschwer feststellen können.

Leihen Sie mir Ihre Zigarette? Sehen Sie.
Keinerlei Reaktion, es riecht nicht einmal verbrannt, nur wie altes Tuch.
Und? Es bleibt nicht einmal eine Narbe.
Ist das nicht traurig?
Ich wollte, ich könnte Suizid verüben.
Was für eine Vorstellung das ist!
Welch tröstende Vorstellung das wäre. Aber genug davon.
Einen Schluck Wein? Oh, tun Sie es für mich! Ich selbst kann den Wein nicht mehr schmecken, es wäre mir ein Bedürfnis, den Kelch für Sie zu füllen.

Ich drücke mich ungewöhnlich aus, nicht wahr? Oh, es ist der Staub der Zeit, der an den Worten haftet, er ist so schwer abzuschütteln. Sie überlegen mit mir was zu tun ist, das ist nett, wirklich! Aber es gibt keine Rettung, der Pflock im Herz, ist nur eine Mär der Menschen. Silberkugeln gewiss! Aber sehen Sie meinen Schmuck? Echtes Silber aus dem jungen Frankreich, wie ich mich erinnern kann. Ach wie süß das ist! Mein Kopf in einem reißenden Fluss treibend! Ich liebe sie dafür, all die alten Märchen! Fehlt nur noch der Vampirjäger aus Leidenschaft.

Nebenbei - nun, wo sie informiert sind über das Elend, dass ich nicht leben kann, sondern des Nachts vegetieren muss: Plagt Sie nicht die Angst? Haben Sie keine Furcht vor den Zähnen, hinter diesen schmeichelnden Lippen?

Oh bitte: Fliegen Sie mit mir!
Lassen Sie uns träumen, wie Kinder die ziehenden Wolken betrachten.
Sie sind schön!
Ihr Lächeln ist so erfrischend!
Oh! Kokettieren Sie etwa mit mir?
Wie unwiderstehlich das doch ist!
Ach!...
Mir wird wahrlich warm ums Herz, wenn ich dieses Gedankengut in mir keimen lasse. Schade nur, dass kein Leben in diesem fahlen Leib mehr ist.

Vielleicht hätte ich Sie zu meiner Braut machen sollen.

Leben Sie wohl schöne Unbekannte.
Sterben in Frieden - es ist mir nicht vergönnt.

So gewinnt der Tod eine köstliche Pointe, nicht wahr?

(c) Stefan Bartels

Gedicht zu myStorys.de

Adam vs. Apple - man meets mac

eine Kurzgeschichte

der
Autorin

Silvia J.B. Bartl

alias artofsilvia

auf dem Portal myStorys vertreten

myStorys.de
- weiß was Wörter wollen...

Im web da gibt es ein Portal
mit tollen Schreibern allemal
Gedichte die das Herz berühren
Wörter die zusammenführen

Von Lyrik über Wissenschaft
bis hin zum bösen Horrorsaft
ja mit Humor sagt mancher pur
dem Ausdruck dieser Literatur

Begabt sind alle, keine Frage
ihre Feder bringt es hier zu Tage
Frauen, Männer, Dichter, Schreiber
kommen, staunen, blättern weiter
haben alle eins gemein
laden Dich zum Schmökern ein

Diese kreativen Geister
sind in ihrem Schaffen Meister
Nehmen sich kein Blatt vorm Mund
tippen eifrig Stund für Stund

Öffnen Grenzen – brechen Fluch
das Ergebnis nennt sich Buch
leben allesamt den Traum
vom Internet zu Dir zu schau´n

Jung und alt sind hier versammelt
niemand es an Wortkunst mangelt
bieten dem, den´s interessiert
Leseproben ungeniert
noch einmal zur Wiederholung
hin zu dem Autorenschwung
ab ins Netz – los http://www.
und hingesurft zu myStorys.de

(c) Silvia J.B. Bartl

shortstory
Adam vs. Apple - man meets mac

Ein absolut schwachsinniger Vergleich, glauben Sie? Tja, kann sein, aber wer sagt denn, dass es ein Vergleich ist? Reden wir lieber mal von Feststellungen und Gegebenheiten. Was stellt man fest und welches ist gegeben? Grrr, schon wieder so eine Wortklauberei, meinen Sie? Na ja, Sie haben ja Recht, ich will Sie ein wenig ablenken von dem gradlinigen Denkmanöver Ihrer grauen Masse im Kopf. Jedoch Sie entscheiden, welchen Blickwinkel Sie einnehmen und aus welcher Perspektive Sie das Ganze betrachten. Für den einen mag ich ein wenig verrückt scheinen, für die andere jedoch könnte es ein Ansatz sein, für die Veränderung der eigenen Denkweise. Veränderung – welch ein schreckliches Wort, das aber nichts anderes heißt, als dass die jetzige Sekunde schon in der anderen anders ist. Und warum? Darum... weil es einfach ist, wie es ist und das ist auch gut so, denn wenn es nicht so wäre, wäre es auch nicht so wie es ist, sondern anders als es ist.

Na, schmunzeln Sie doch ein wenig. Ja, schön wie sich Ihre Mundwinkel anheben und allmählich in ein breites Grinsen münden.

Toll, so einfach lässt sich etwas verändern. Huch, Sie wollten sich gar nicht verändern? Wieso haben Sie es dann getan? Etwa, weil meine Worte in Ihnen fröhliche Schwingungen erzeugt haben oder weil Sie das in Ihrem Innern wollten? Was, Sie wissen es nicht? Wieso wissen Sie nicht was Sie wollen? Ich denke, Sie haben einen freien Willen, so wie jeder von uns einzigartigen, menschlichen Wesen. Welchem Programm sind nun Ihre Emotionen gefolgt? Ach, Sie können mir nicht folgen? Was meine ich mit Programm? Schließlich sind Sie ja kein Computer – oder etwa doch? Nein, das nicht, das habe ich auch gar nicht gemeint, aber jeder, ob Sie es glauben oder nicht, ist bestimmten Programmen ausgesetzt. Unweigerlich, in dem Moment als Sie auf dieser Erde geboren wurden. Ja, auch Sie und auch wenn Sie noch so Ihre Stirnfalten ungläubig runzeln. Nun klopfe ich ganz vorsichtig bei Ihnen an, um Sie nicht zu verschrecken, denn Angst will ich nicht erzeugen und auch fürchten müssen Sie sich nicht vor mir.

Denn auch ich bin ein ganz gewöhnliches, menschliches Wesen, so wie Sie und obwohl wir alle einzigartig in einem Ganzen sind, bin ich doch anders wie jeder andere, auf meine andere Art, etwas auszudrücken, etwas zu erfahren, etwas zu fühlen, etwas zu analysieren. Es wäre ja auch langweilig, wenn wir alle gleich wären, obwohl wir eines Ursprungs sind, also alle der Gattung Mensch zugehören.

Glauben Sie mir, ich fühle, denke und handle in diesem Moment völlig anders als Sie. Stimmen Sie mit mir überein? Ähhm, ja – nein – vielleicht? Einigen wir uns auf das vielleicht, ok? Weil in viel-leicht die Möglichkeit gegeben ist, vieles leicht zu nehmen, zu sehen, zu fühlen und zu tun.

Waaas, Sie hassen mich, weil ich wieder mal nicht sofort auf den Punkt komme? Wieso lesen Sie dann meine Geschichten? Obwohl Sie doch wissen, dass ich gerne mal ausschweife, tun Sie sich so was an? Na, hören Sie mal... Sind Sie ver-rückt? Schön, dann willkommen im Club der Ver-rückten, denn wir tun etwas gemeinsam. Was soll das jetzt nun wieder sein? Na, ver-rücken – wir verrücken zusammen den gegenwärtigen Standpunkt, um endlich zum Kern vorzudringen. Zu welchem Kern? Überlegen Sie mal! Der Kernpunkt dieser Story ist doch die Gegenüberstellung von Mann und Maschine – man + mac oder Apple vs. Adam, erinnern Sie sich?

Klar, nun komme ich endlich aufs Thema. Wie kann man nur so ein irrsinniges Thema wählen? Verirren wir uns jetzt wieder im Sinn? Nein, bleiben Sie ruhig sitzen und entspannen Sie sich. Ich hör jetzt auf mit den Wortspielereien, obwohl mir das zugegeben, echt wahnsinnigen Spaß macht. Da Sie ja bis hierher gelesen haben, nehme ich mal an, dass Ihnen meine Art gefällt und ein wenig Freude macht. Richtig? Dankeschön. Das freut mich riesig. Denn das ist der größte Lohn eines Autors, der geerntet werden kann. Mal abgesehen von dem bisschen Kleingeld, das man bei dieser brotlosen Kunst verdienen kann. Ich schreibe hier ausdrücklich kann, denn es muss ja nicht – auch wenn man nur zum Vergnügen schreibt, hat die Ursache eine Wirkung, nämlich das Ergebnis einer Geschichte, die aus vielen einzelnen Buchstaben zusammengesetzt ist. Nur die Aneinanderreihung der unterschiedlichen Einzelnen ergibt ein Wort, das der Autor damit ausdrücken will.

Kommen Sie her, ich gehe mal schnell aus mir heraus, um Sie zu drücken. Schön, diese Wärme, die Sie ausstrahlen. Danke für diesen Wesenskontakt mit Ihnen und Ihre Zeit, die Sie mir schenken. Keine Erwartung und keine Bedingung waren damit verbunden. Nein, Sie schenken mir Aufmerksamkeit, in dem Sie meine Zeilen lesen, um uns ein wenig näher zu sein. Fühlen Sie es? Worte können verbinden, für einen Augenblick, zu verschiedenen Zeiten, an unterschiedlichen Orten, von individuellen Personen. Die Verbindung des Relativen, die jeden in verschiedenen Perspektiven, das erleben lässt, was er wählt. Und doch ist es nur eine Aneinanderreihung von einzelnen Buchstaben, die scheinbar etwas zum Leben erweckt. Also alles andere als ein Programm.

Ihr Programm und auch die weiteren Programmchen, die Sie bewusst oder unbewusst beeinflussen, sind schon von Geburt an da und wachsen ständig um Sie herum, um Sie zu programmieren. Hiiiilfe! Ich mag keine Emotionen, Manipulationen und falsche Gefühle – Sie etwa auch nicht? Na gut, dann tun wir etwas dagegen! Jetzt in diesem Moment, sofort! Und meine Sache ist es, Ihnen diesen winzigen Zaunpfahl ein wenig auf die Seite zu biegen, damit Sie Weitblick haben. Einen weiten Blick, um die Programme zu erkennen und damit umzugehen. Denn Sie sind Ihr wahrer Programmierer, der auch die Lücken in Ihrem Programm schließen kann, um es umzuprogrammieren. Erinnern Sie sich an Ihre Geburt? Nein, wie auch? Da waren Sie ja noch viel zu klein oder? Wenn Sie aber Ihren Geist so einsetzen könnten, dass Ihr Gehirn zu 100% funktionieren würde, könnten Sie es. Sie hätten es nicht vergessen und würden sich an alle Einzelheiten erinnern. Auch an Ihre Geburt und die Zeit davor und danach. Nur ans jetzt könnten Sie sich nicht erinnern, weil es jetzt, just in diesem Moment passiert. Und dann würden Sie sich erinnern, an das Programm, das genau in der Sekunde Ihrer Geburt, Sie programmiert hat, auf das was Sie in Ihrem derzeitigen Dasein erleben. Warum? Weil Sie es so wollten! Und genau deshalb sind Sie in Ihrem Sternzeichen geboren, bei diesen Eltern, in diesem Umfeld, um das zu erfahren, was Sie erfahren wollen. Auch wenn Sie erlebt haben, was Sie eigentlich nicht wollten, wissen Sie nun, was Sie sind und wollen. Die Programme sind nur kleine Richtungsweiser, um daraus zu erkennen, dass Sie sich zurückerinnern können.

Also akzeptieren Sie einfach, dass sie da sind und machen das Beste daraus, in dem Sie Viren, Würmer und Trojaner löschen, wie bei einem Computer und dann ein verbessertes Programm aufzuspielen oder die Fehler umzuprogrammieren. Schwierig zu verstehen? Nein, ganz einfach, lassen Sie sich einfach darauf ein und spielen mit im Spiel des Lebens. Denn alles ist ein Spiel, bei dem jeder Spieler seinen eigenen Platz auf dem großen Spielplatz des Universums hat. Auch Sie, glauben Sie mir...
Glauben Sie mir nicht? Auch gut, denn es ist ja Ihr individueller, freier Wille, der gerade agiert, glaubt oder nicht glaubt. Und außerdem spielt es überhaupt keine Rolle, jetzt nicht und auch nicht im Spiel des Lebens, zumindest nicht in meinem, denn ich bin ja nur diejenige, die durch Worte, etwas zum Ausdruck bringen möchte. So, nun widmen wir uns aber endlich dem Wesentlichen.

Was tut man also, wenn Apple auf Adam trifft?

Adam sollte sich sorgfältig mit Programmen beschäftigen, um den Apple richtig zum Laufen zu bringen. Mag sein, dass er dabei einige seiner eigenen Fehler selbst behebt. Denn umprogrammieren macht Freude. Und Freude ist ein sehr schönes Gefühl. Ein Gefühl, das aber nur Adam empfindet, weil er keine Maschine ist, sondern ein lebendiges Wesen, mit eigenen Programmen. Adam punktet mit 1.

Läuft der Apple richtig, kann man wunderbare Dinge damit erledigen, einkaufen gehen im Internet, sich mit der Welt verbinden und viele andere Sachen, die auch Adam kann. Mit einem Unterschied – den Apple kann man ausschalten, wenn man will. Bei Adam ist das immer noch ein kleines

Problem, denn ich habe diesen Schalter noch immer nicht gefunden *grins*. Also punktet hier Apple mit 1.

Wie sieht es mit körperlicher Nähe aus? Also ich glaube, da hat Adam kein Problem damit, denn Anziehungskraft und Mannesstärke, sind ihm in die Wiege gelegt worden. Wenn Adam sein Gefühl richtig einsetzt, kann daraus ein einzigartiges Erlebnis mit exstatischen Folgen werden. Bei Apple hingegen, bleibt als Alternative meistens nur der Schriftverkehr. Zugegeben, sehr gesund, da man sich beim Apple kein Aids holen kann, vielleicht ab und an einen Virus, aber nichts Schwerwiegenderes.
Ergebnis: Adam punktet mit 2.

Die Langeweile, unser nächster Gesichtspunkt. Da liegt der Apple um Nasenlängen vorn, denn so abwechslungsreich scheint Adam nicht zu sein, außer sein Programm wird umprogrammiert.
Klarer Fall – Apple punktet mit 2.

Gleichstand also! Tja und wie sieht's denn mit all den anderen Dingen aus, die Adam kann? Was meinen Sie für Dinge? Sport zum Beispiel? Haha, das kann Apple auch und mittlerweile sogar interaktiv.

Was noch? Grübel, grübel...
Ach ja, seelischen Beistand meinen Sie? Tja, da kann Apple mit Megaherz mithalten und Daten speichern kann er sogar im Terrabytebereich.

Wie sieht es mit Fortpflanzung aus?
Tja, da haben Sie mich erwischt, aber dafür muss nicht unbedingt Adam herhalten, weil man dies im Tiefkühlverfahren klären kann, bei dessen Auffinden Apple eine Hilfestellung anbieten kann. Immer noch kein Ungleichgewicht, dito.

Eins hab ich noch hähä, den Alterungsprozess! Wie bequem es doch heutzutage ist, einen unbrauchbaren Apple gegen einen neuen auszutauschen, der mit Turbogeschwindigkeit all das erledigt, was gewünscht wird. Vorausgesetzt man hat das nötige Kleingeld dazu. Wenn nicht, muss man sich wohl oder übel mit seinem alten Adam die Zeit totschlagen. Und apropos Zeit, es wird mal wieder Zeit was zu essen, mein Magen hängt schon in den Kniekehlen.

Yeah, nun hab ich ihn den Pluspunkt für den Apple, denn dieser braucht außer Strom, der eh aus der Steckdose fließt, nichts weiter um zu existieren. Adam hingegen ist immer hungrig und bedarf des Überlebens öfter mal am Tag Mahlzeiten und Getränke. Das ist auf Dauer ein kostspieliges Vergnügen. Nix für ungut, dem, der sich das leisten kann.
Mein Fazit also 3:2 klarer Sieg für Apple!

Bitte verstehen Sie mich nicht falsch, ich hab absolut nichts gegen Adam. Im Gegenteil, die männliche Wesensform übt eine magische Anziehungskraft auf mich aus und ich liebe auch den Umgang mit diesen Zeitgenossen. Schließlich habe ich ein älteres Modell seit längerer Zeit in meinem „Gewahrsam", welches mir graue Haare wachsen lässt. Aber fühlt er nur ein Wort von mir, ist mein Wesen erfüllt, mit allem was es will. Na ja, mit fast allem, sage ich mal so nebenbei *lächel*. Insgeheim liebäugle ich mit dem Gedanken, mir einen nagelneuen Apple, einen Power-Mac zu besorgen. Aber psst, nicht weitersagen, denn der Power-Man ist meines Wissens noch nicht erfunden worden. Und bis dahin, begnüge ich mich mal mit vorhandenen – eben das was ist. Na ja, und da mein Geldbeutel wieder mal gähnende Leere aufweist, erübrigt sich ja die heiße Flirterei mit dem Power-Mac von alleine *schnief*.

Es sei denn... ich könnte meinen alten Adam umprogrammieren, um daraus einen Power-MacMan zu erschaffen.

Diese einzigartige Wesensform, die Mann und Maschine vereint, so dass alles in Turbogeschwindigkeit ganz von alleine läuft, so ganz nebenbei seine megaherzliche Seele zum Ausdruck bringt und seine Programmfehler durch Gefühlsschwingungen selbständig behebt. Geil, so ein Prachtexemplar wäre ein Traum – oder auch nicht, wie man es nimmt. Warum? Was denken Sie, glauben Sie im Ernst, ein derartiges Exemplar würde sich begnügen mit einem selbst denkenden, menschlichen, weiblichen Wesen, welches einen freien Willen und Programmfehler hat? Nein! Wahrscheinlich nicht, aber scheint dies nur oder ist es wahr?

Wahrlicher Schein also! Nicht schon wieder, grrr. Jetzt reicht es Ihnen aber oder? Na gut, ich will ja nicht über Ihre Grenzen treten, obwohl ich Sie schon gerne herauslocken würde, natürlich frei-willig. Öffnen Sie doch selbst Ihre Grenzen und akzeptieren sich so wie Sie sind. Mit Programmen oder ohne, ist doch völlig egal, wenn man weiß, dass man alles verändern kann. In der Leichtigkeit des Seins. Sie werden es wissen, wenn Sie sich erinnert haben. Er-innern... wo ist die Verbindung des Schlüssels? Gut, ganz toll, sperren Sie die schwere, rostige Tür auf, die zu Ihrem Innern führt und legen Sie los, sich neu zu programmieren. Dann, ja dann, ist es sogar möglich, dass PowerMan auf PowerFrau trifft und durch den PowerMac ungeahnte Möglichkeiten erschaffen, um fehlerfrei gemeinsam zu existieren.

Setzen Sie sie ab, die rosarote Brille, die ich Ihnen kurz ausgeliehen habe. Sie ist nicht real, leider. Oder vielleicht doch? Ent-scheiden Sie doch mal, denn manchmal scheiden sich die Geister, obwohl sie ein Ergebnis erzielen. Durch Ursache und Wirkung, die unterschiedlich in allem doch zum Selben kommen...

Was meinen Sie, wofür ich mich entscheide? Ist es nötig, dass man Dinge voneinander unterscheidet? Oder kann die Tatsache bestehen, dass man unabhängig voneinander betrachtet? Apple oder Adam – Man oder Mac? Für mich keine Frage der Entscheidung. Denn ich für mich wähle die Freiheit der unbegrenzten Möglichkeiten. Und die lautet sowohl als auch! Eine Verbindung zu Dritt, die sowohl Adam als auch Apple mit einbezieht, scheint doch der Gesamtheit der Möglichkeiten am Nähesten zu kommen und die sollte man ausschöpfen. Natürlich kann Ihre Entscheidung anders ausfallen oder sagen wir mal Ihre Ansichtssache zum Thema. Ihrem Thema, ihrem Prozess, den man Leben nennt, also dessen Sie selbst sind. Spielen Sie mit in Ihrem Spiel, denn Sie sind der einzige Spieler. Also seien Sie sich bewusst, dass Sie, wie die Situation auch aussehen mag, Sie so gewählt haben. Machen Sie das Bestmögliche für sich, welches in Frage kommt, daraus. Und erleben Sie mit Freude das Ergebnis. Leben sie wohl und viel-leicht sehen wir uns ja mal wieder. Wer weiß? Denn Sie wählen individuell das, wonach Ihnen Ihr freier Wille steht oder Ihr Programm Sie hinführt...

Danke für Ihre Lesemühe und Ihre Toleranz, meinen manchmal sonderbar zu verstehenden Humor, einfach zu akzeptieren.

Ihre
Silvia J.B. Bartl

Gedichte individueller Art
und

Eine schicksalhafte Begegnung

eine Kurzgeschichte

Buchstäbliches aus der Schreib-Feder

der
Autorin

Sylvia Beyen
alias SylviaB

auf dem Portal myStorys vertreten

Ein Leben

Zwei kleine Dinge braucht es nur,
in jeglicher - auch Fremdkultur!
Das Eine schwimmt, das Andere ruht.
(das ist auch, was es später tut)

Zusammen sind sie dann unschlagbar!
Ein Kugelding ein Zellknäuel gar!
Ist da schon Leben in dem Ding?
Es macht kein Hüpf und auch kein Kling!

Es liegt herum und teilt sich heftig,
damit ist es ´ne Zeit beschäftigt.
Dann kommt da och ein -bummern- zu,
das Herz es wächst, ey was im Nu!

Das Hirn, es braucht doch etwas Zeit,
bei Manchem ist es nie soweit!
Ist das schon Leben oder nicht?
Die Einen sagen: Sicherlich!

Die Andern meinen: „Nö is nich!"
Die stehen oftmals vor Gericht.
Es kämpft darum, wenn man Es lässt!
Den Wind merkt´s nicht, wenn er auch bläst.

Ganz sicher und geschützt schwimmt´s da
und fühlt sich einfach wunderbar.
Mit Ächzen, Stöhnen kommt's dann raus.
Es schreit ganz laut! O-Weh O-Graus!

Ist das jetzt Leben? Frag ich nun!
Hat es vielleicht noch was zu tun?
- Das ist kein Leben, sagt der Eine.
Und DAS ist´s was ich damit meine!

Wie kann ein Leben gar nicht sein?
Wenn´s Herz doch schlägt im roten Schein.
Es wächst auch schnell, gibt richtig Gas!
Was ist denn Leben - wenn nicht DAS?

(c) Sylvia Beyen

Gedankenflug

Wenn ich annehmen müsste
Deine Seele erleidet Schaden
wäre ich da
würde sie baden
in meiner Liebe
Um den Schaden abzuwenden
ihn zu vernichten

Würde mein Glaube an Dich
erschüttert
wäre meine Liebe für Dich da
sie würde sich nicht beeindrucken lassen
von jedwedem Einfluss

Wenn alle Anderen gegen Dich wären

wäre ich für Dich
stünde hinter Dir
um Dich aufzufangen
Dir Halt zu geben

Wenn Du Deine Flügel ausbreitest
um Dich zu verwirklichen
wäre ich der Wind
der Dich trägt
Dir hilft Deine Richtung zu finden
und Dich stützt
damit kein Sturm Dich
aus Deiner Bahn wirft

Wenn die Dunkelheit
Dich ängstigt
ließe ich nichts unversucht
Dir die Sonne zu zeigen
die Dich wärmt
und jeden Winkel hell erleuchtet
damit Du wieder strahlst

Nur erwarte nicht
dass ich Dich verstehe
nein
verstehen kann ich Dich nicht

Mir ist übel
ich weiß
das ist nicht Dein Problem
nein
es ist meins
ganz allein

Der Klumpen in meinem Magen
schmerzt
lässt mich zusammen sinken
wie einen alten verknöcherten Baum
dessen Wurzel stark
das Holz jedoch
durch Maden morsch geworden ist.

Die Sorge um Dich
hat das Blattwerk braun werden lassen
die Äste brechen unter der
kleinsten Belastung

Ich sehe den Weg
den Du gehst
kann Dich nicht aufhalten
Will es auch gar nicht mehr

Der Wind fühlt sich nicht frisch an
riecht faulig nach Unheil
Er ist rau und reißt an meiner Borke
stückweise fällt sie
wie ein Vorbote
in die Tiefe

Ich sehe Dir nach
sehe Dein Lächeln
Du fühlst Dich gut
Deine Äste strecken sich
dem Himmel entgegen
Aber Deine Wurzel ist kurz
und die Angst
schnürt mir die Luft ab
dass Du irgendwann fällst

weil das nasse glitschige Erdreich
Dich nicht halten kann
der Regen Dich unterspült
oder der Druck des Windes
zu groß wird

Doch lasse ich Dich gehen.
Ich muss!
Nur eines kann ich tun:
Mein bisher schützendes Blattwerk
wird für Dich weichen
damit die Sonne Dich stärkt
und Du kräftig genug bist
den Widrigkeiten des Lebens
zu widerstehen

Und ich werde mit meinen Wurzeln
ein Bett bereiten
auf das Du fallen kannst

(c) Sylvia Beyen

Nein

Du nimmst es Dir
Es schreit Dich an
Du willst es nicht hören
Es wehrt sich
Dein Lachen zeigt
es ist Dir egal

Es weint
Du wirst nicht berührt
von seinen Tränen
Es krümmt sich vor Schmerz
Du fühlst nicht
wie sehr
Es versteckt sich
glaubt nicht mehr
wird kleiner
leiser
kraftloser
...
Nein
...
und es verfliegt hilflos taumelnd im Wind

(c) Sylvia Beyen

Vorwitziger Sonnenstrahl

Ein Licht es sprang von hier nach da.
Es strahlte hell als ich es sah!
Es blinkte und es glitzerte,
als es die Blumen kitzelte!

Sie bogen sich und lachten,
weil die Strahlen Faxen machten.
Ach wie fröhlich sie doch waren...

- bis der Rasenmäher kam –

Gegenüberstellung gleicher Begebenheiten
mit anderen Worten.

Sprachergüsse

Welch Drang in mir
das, von Außen nach Innen
gebrachte, zu bringen
von Innen nach Außen.

Losgelöst jeglich Weltlichem
übergebe ich das teure Gut
der Schüssel,
deren Aufgabe darin besteht,
meiner Glückseligkeit
begleitend zur Seite zu stehen.
Welch fabelhafter Freund
in solch rauen Zeiten

Ich schwöre
Sollte ich auch nur einen Wunsch
von Dir vernehmen,
ich würde ihn sofort erfüllen.
Nimm auf was sich Dir ergießt,
in Strömen von Schweiß und
verzerrtem Gesichte.
Bis dass die Nacht dem Morgen weicht
und mich die Erschöpfung
mit sich reißt.
Schlaf ...

... fragmentreich

Wortwahl anders:

Ich spüre
die Kotze!
Sie will raus!
Alles was teuer erkauft
wird verschleudert
und dem Schlund
des Klos übergeben.
Die Scheißerei zeitgleich
mit dem Kotzgefühl!
Es gärt in mir! Will raus,
will sich vereinen!
Im Klo...
bis ich nicht mehr kann.
Die Krämpfe
lassen mir keine Wahl!
Ich presse den letzten Rest
raus - raus aus mir!
Bis ich vor lauter Scheißen und Kotzen
klatschnass ins Bett falle
und stinkend
in einen
Schlaf falle...

... beschissen!

(c) Sylvia Beyen

shortstory
Eine schicksalhafte Begegnung

Welche Auswirkungen die Begegnung mit einer jungen Frau haben sollte, konnte sich Bernd sicher nicht vorstellen. Was ihm zustößt und was daraus folgert, lies am besten selbst...

Kapitel 1
Die Begegnung

Seine unbeholfene Art war sehr auffällig. Er hatte immer das Gefühl, andere Leute starren ihn an. Auch jetzt wieder, hier im Bowlingparadies, starrten sie. Es machte ihn fast wahnsinnig. Er nahm die Bowlingkugel und ging zur Bahn. Er wusste schon wie er werfen musste, leider funktionierte es nie wie er wollte. Eddi sagte immer: „Bernd, Du holst Dir wirklich jedes Fettnäpfchen in Deiner Umgebung!"

Er holte Schwung und warf die Kugel auf die Holzbohlen. Es knallte laut. Er zuckte zusammen. Nein nicht schon wieder, nicht wieder auf die andere Bahn rüber. Und schon hörte er die fiese Stimme von der rechten Seite:
„He, Du bist zu blöd! Das hier ist meine Bahn, also verpiss Dich! Noch mal so ein Ding und ich zeig Dir, wo der Maurer das Loch gelassen hat, Du Penner!"

Bernd wurde brennend rot im Gesicht. Es stimmte ja, er versaute ihm das Spiel. Seine Entschuldigung ging in dem wüsten Geschrei unter. Warum versuchte er es überhaupt?
„Ich sollte zu Hause bleiben und keinen Fuß mehr vor die Tür setzen", dachte er bei sich. Mit hängenden Schultern schlurfte er nach vorn, um die Schuhe abzugeben. Sie wa-

ren ihm fast zwei Nummern zu groß, in seiner Größe hatte es keine mehr gegeben. Und es kam, wie es kommen musste: Er fiel auf den drei Stufen zur oberen Ebene der Länge nach hin. Bernd hörte das Lachen, das wie er glaubte nur ihm galt, als sich ihm eine schlanke, unberingte Hand hin streckte. Er schaute hoch und sah eine recht hübsche Person, die ihn lächelnd ansah.

Mit einem Zwinkern in den Augen sagte sie:
„Ist wohl nicht Ihr Tag heute oder?"
Er wusste darauf nichts anderes zu erwidern außer:
„Das ist es nie!"...
Ihre Stirn runzelte sich, aber das Lächeln blieb fest um ihre Lippen. „Nun seien Sie nicht so negativ eingestellt. Freuen Sie sich lieber, dass nichts Schlimmeres passiert ist."
Er erhob sich, rieb sich das Knie und zog sofort die viel zu großen Schuhe aus.
„Lust einen Kaffee mit mir zu trinken?", fragte die junge Frau, mit einer sehr angenehmen Stimme.
„Wenn Sie die Gefahr in Kauf nehmen, den Kaffee auf Ihrem Schoß wieder zu finden", entgegnete er leicht ironisch. Sie schmunzelte und führte ihn zu einem Tisch, der ganz in der Nähe vom Feuerlöscher stand.
„Nur zur Vorsicht!", hörte er sie sagen. „Nicht nur hübsch sondern auch nicht dumm", dachte er und sie bestellten beim Wirt zwei Kaffee.

In der darauf folgenden Unterhaltung erfuhr er, dass sie die neue Besitzerin des Bowlingparadieses war. Zwischendurch kam eine der Angestellten und zündete die Kerze auf dem Tisch an.

Er starrte in die Flammen und erzählte ihr von seinem bisher nicht besonders erfolgreichen Leben. Die Kündigung, die er vor drei Wochen erhalten hatte, die Scheidung von seiner Frau, den Unfall vor drei Tagen und was sie heute erlebt hätte, wäre nur ein Abklatsch von dem, was ihm sonst so widerfahren würde. Ihre Augen funkelten, das fiel ihm schon sehr früh auf. Und ihr Mund sah wundervoll geschwungen aus. Aber bei seinem Pech, würde sie nie auf ihn abfahren. Er war nicht hässlich, das wusste er. Aber der absolute Frauenschwarm, war er genauso wenig. Ihre Zähne blitzten zwischen den Lippen. Sie war also auch auf ihre Gesundheit bedacht. Also würde es zwischen ihnen nie etwas geben. Seine Gedanken schweiften kurz ab. Sie winkte der Kellnerin und gab ihm zu verstehen, dass sie gleich wieder da sein würde. Er sah gerade noch, wie sie in einem der hinteren Zimmer verschwand. Er stellte sich ihr Büro vor.

Wahrscheinlich war es gründlich gereinigt und penibel aufgeräumt. Er grinste, das hatte seine Frau bei ihm immer bemängelt. Er war pedantisch in seiner Ordnung. Aber eigentlich war es mehr Selbstschutz.

Um ihn herum wurde es still. Das Bowlingcenter wurde geschlossen. Der Wirt gab ihm noch die Nachricht, er solle auf die Besitzerin warten, sie käme sobald sie den Rechnungsabschluss hinter sich gebracht hätte und dann verschwand auch er durch eine der beiden, großen Schwenktüren, die nach draußen führten. Bernd saß nun ganz allein im Halbdunkel. Es brannte nur noch die Notbeleuchtung hinter den Bahnen und zwei schon stark abgebrannte Kerzen. Seine Angst, dass er doch noch einen Unfall verursachen würde, ließ ihn zu der Kerze auf der Theke gehen. Er wollte sie auspusten und sich dann wieder an den Tisch setzen.

Kurz vor der Theke, stolperte er über ein paar achtlos liegengelassene Schuhe, stieß gegen die Theke und als er mit der Hand nach Halt suchte, fiel die Kerze hinter die hölzerne Bande. Die Stapel von Werbezetteln, die dahinter lagen, brannten sofort lichterloh. Erschrocken und panisch rannte er zum Feuerlöscher. Er nahm kaum den komischen Ge-

ruch wahr, der in seine Nase stieg. Mit seinen ungelenken Fingern, konnte er den Sicherheitsverschluss nicht gleich öffnen. Fluchend schüttelte er die mittelgroße, rote Flasche. Das kühle Metall glänzte im Schein des Feuers. Er wollte nach der Besitzerin schreien, als ihm bewusst wurde, dass er ihren Namen gar nicht kannte. Das Feuer wurde immer größer. Es hatte schon die ganze Theke eingenommen und der Alkohol dahinter, machte ihm Sorge. Bernd rannte zu dem Büro, wo die beiden Damen vor knapp einer Stunde verschwunden waren. Aber die Türe ließ sich nicht öffnen.
Er klopfte hektisch und laut.
Niemand öffnete ihm.
Er hörte auch keine Geräusche dahinter.

Vielleicht ist draußen ein Fenster, dachte er sich und lief zur Eingangstüre. Kaum hatte er sie geöffnet, explodierte etwas hinter ihm. Er flog regelrecht vor die Tür auf den Parkplatz. Gehetzt schaute er sich um, wo das Büro in etwa liegen könnte und rannte in die Richtung, die ihm am logischsten erschien. Doch da wo er das Büro vermutete, war nur ein Notausgang. Verwundert blieb er stehen. Wo war die Besitzerin? Zeitgleich mit diesem Gedanken, hörte er die Feuerwehr.

Am nächsten Morgen stand in der Zeitung, dass das Bowlingparadies bis auf die Grundmauern abgebrannt war und der Brandstifter, bei der Flucht verhaftet wurde. Niemand kannte die Besitzerin, die Bernd den Behörden nannte und der Wirt war auch nicht mehr auffindbar. Er saß in der Zelle und dachte über die Ereignisse nach. Der Polizeibeamte, der nach der Festnahme mit ihm sprach, hatte ihn aufgeklärt dass der Besitzer über die Woche in seinem Ferienhaus gewesen war und erst zurückkam, als er von dem Brand in Kenntnis gesetzt wurde.
Wer war also die Frau gewesen?
Und warum hatte sie sich als Besitzerin ausgegeben?

Er war ratlos. Im Bericht der Feuerwehr stand: Ursächlich für den Brand, zeichnet sich eine Kerze, die mittels eines Fadens, auf einen mit Brandbeschleuniger getränkten Stapel Papier, gezogen wurde. Oftmals verwendeter Trick, damit der Täter sich nicht selbst in Gefahr begeben muss.

Niemand glaubte Bernd, der dem Kommissar alles erzählt hatte, was an dem Abend geschehen war. Seine Motivation läge in seiner Vergangenheit begründet. Er wäre eben durchgeknallt, als auch noch im Bowlingcenter alles schief lief. Das und dass er sich im Gebäude befunden und auch noch Rückstände vom Brandbeschleuniger, sowie Rußpartikel an Kleidung und Haut aufwies, waren Indizien genug für die Staatsanwaltschaft.

Er konnte sich keinen guten Anwalt leisten und verlor das Verfahren. Sechs Jahre und eine psychologische Betreuung urteilte der Richter.

Kapitel 2
Die Folgen

Nach ca. einem Jahr, bekam er seinen ersten Besuch. Eine junge Frau mit funkelnden Augen, saß ihm gegenüber.
„Es tut mir sehr leid für Dich", sagte sie.
„Aber Du Gutgläubiger warst gerade da und die Millionen, die ich für den Job bekommen habe,
sind nicht zu verachten."

Er sah sie nie wieder.

Als er aus dem Gefängnis entlassen wurde, nahm er ein Streichholz, Benzin und einen Stapel Papier, ging zum Ge-

richt und steckte im unteren Bereich ein Büro in Brand. Vor Gericht brachte er zur Verteidigung nur noch:
„Ich wollte sehen, wie das ist." hervor.

Bernd kam nicht mehr aus der Psychiatrie raus. Fünf Jahre später verstarb er an einer Rauchvergiftung, die durch ein Feuer im Patiententrakt verursacht wurde.

Ein Schreiben, dass er eine Feuerbestattung bevorzuge und ein Lächeln auf seinem Gesicht, waren die letzten Momentaufnahmen seines Daseins.

Zur Beerdigung erschien nur eine junge, sehr gut gekleidete Frau, die sich nicht mit Namen ins Kondolenzbuch eintrug.

Aber eine einzelne Träne
lief ihr über das hübsche Gesicht...

(c) Sylvia Beyen

Gedichte
Poesie individueller Art

Buchstäbliches aus der Schreib-Feder

der
Autorin

Heike Giuffrida
alias Sonnenschein

auf dem Portal myStorys vertreten

Not in der Welt

Ich ess´ zwei Stücke Fleisch
Und mich frisst es auf
Das Elend der Welt

(c) Heike Giuffrida

Lebensrad

Schau hin
Wenn der Winter zum Frühling wird
Und langsam die Knospen sprießen

Schau hin
Wenn der Frühling zum Sommer wird
Und die Sonne alles erwärmt

Schau hin
Wenn der Sommer zum Herbst wird
Und die Blätter sich tönen

Schau hin
Wenn der Herbst zum Winter wird
Und der Schnee die Berge deckt

Schau hin
Wenn das Lebensrad sich dreht
Schau einfach hin!

(c) Heike Giuffrida

Egoistisch

Man muss auch egoistisch sein
Nicht nur für andere sein
Schön ist´s wenn´s Aufgaben hat
Doch dürfen sie nicht sein so hart
Man soll sich freiwillig geben
Sich selbst aber nicht belügen

(c) Heike Giuffrida

Deine Momente

Wenn Babys geboren werden
Bewahre Dir den Moment!
Wenn Kleinkinder das Laufen lernen
Bewahre Dir den Moment!
Wenn Kinder in der Schule vom Leben lernen
Bewahre Dir den Moment!
Wenn Teenys pubertieren und mit Dir streiten
Bewahre Dir den Moment!

Wenn sie dann erwachsen sind
und aus dem Hause gehen
Musst Du nicht traurig sein!

Denn Du hast Deinen „Moment"

(c) Heike Giuffrida

Hallo - Du Mensch

Hallo!
Ist dort jemand?
Hört mich einer?

Hallo!
Ich bin es
Ein Mensch, genau wie Du!

(c) Heike Giuffrida

Meine Zeit

Ich haste und haste
Ach hätt´ ich doch mehr Zeit
Meine Hektik wäre ganz weit

Ich ruhe und ruhe
Ach wenn ich dann so denk´
In meiner vielen Zeit

Ich hätt´ lieber was zu tun!

(c) Heike Giuffrida

Mein Herz

Wehmütig klagt mein Herz

Vergänglichkeit ist mein Schmerz!

Trauer um die vergangenen Stunden

Hatten wir uns nicht erst gefunden?

Denke zurück

Finde nur Glück

Schaue vorwärts

Das zerreißt mein Herz

(c) Heike Giuffrida

Pillanas Nachtausflug

eine Kurzgeschichte

des
Autoren

Simon Käßheimer

alias Apollinaris

auf dem Portal myStorys vertreten

shortstory
Pillanas Nachtausflug

Der Tag ging langsam zu Ende. Erst wurde es in der Kirche und dann „nachdem die Sonne untergegangen war", wurde es in der Kirchturmspitze Nacht.

Ganz oben in der Kirchturmspitze saßen Fledermäuse und eine von ihnen, die sich an einer Seitenstrebe des Gebälks festklammerte, war schon wach oder eben wach geworden, wo der letzte Rest der Sonne am Horizont verschwunden war. Pillana, so hieß die Fledermaus, war normalerweise kein solcher Frühaufsteher, beziehungsweise keine solche Frühaufsteherin, die vor allen andern erwachte, „aber heute war sie es".

Sie streckte sich und spannte ihre Flügel auf, um wach zu werden und dann schaute sie sich um. Sonst war noch keine Fledermaus im Kirchturm wach, allerdings schien die eine oder andere das bald zu tun. Die eine weiter hinten, spannte, sich noch im Schlaf befindlich, die Flügel auf und flatterte ein wenig damit, eine andere redete leise im Schlaf vor sich hin. Pillana schaute dem Treiben eine Weile zu, dann öffnete sie ihre Flügel und flog zwischen den Wandlamellen der Kirchturmspitze hindurch ins Freie. Den Mond der aufgegangen war im Rücken, flog sie geradewegs auf den Rand der Stadt zu, in Richtung eines Biotops, das meist eine gute Speise, nahe des Teiches, versprach. Als sie an den Rand der Stadt kam, flog sie langsamer und lies sich vom Wind in tiefere Regionen treiben und fing erst wieder an mit den Flügeln zu schlagen, als sie auf Höhe der Schilfdolden war oder etwas darüber. Sie flog um eine und dann um noch eine Dolde herum und landete dann auf einem alten Baum, der in der Nähe des Teiches war. Sie landete unterhalb von einem der Äste und hing sich an ihm auf. „Erst mal sehen, wo die Fliegen und Schnaken sind", sagte sie sich selbst und durchforschte den nächtlichen Himmel nach möglichen Beutetieren. In der Nähe eines langen Schilfstreifens, machte sie einen Reigen von Schnaken aus. „Ooh, wie leicht", dachte sie sich „und noch keine anderen Fledermäuse da".

„Los jetzt", spornte sie sich selbst an und hob vom Ast ab, um zu dem Reigen zu fliegen, flatterte hinüber und 1 und 2 und 3 hatte sie schon gefangen und weiter ging es 4, 5, 6. „Hmmh, jetzt noch ein wenig Wasser". Sie flog zu einer Stelle am Teich, wo ein kleiner Ast lag, von dem aus sie zum Wasser gelangen wollte, landete und trank sich voll, ohne auf die Umgebung zu achten.

Als sie auf dem Ast zurückrobbte, den Durst gelöscht, stand hinter ihr eine Katze, die sie mit ihren im Mondlicht leuchtenden Augen ansah.
„Was bist Du denn?", fragte die Katze.
Pillana überrascht und verängstigt zur selben Zeit, brachte nichts heraus im ersten Moment, dann stammelte sie:
„Ich bin eine Fledermaus". Die Katze musterte sie,
„Ich heiße Pillana", reichte sie voller Angst nach.

„Soso, eine Fledermaus", sagte die Katze beeindruckt „das ist ja hochinteressant, so was wie Dich, habe ich noch nie gesehen".
„Eine Maus mit Flügeln... ich hab Dir beim Fliegen vorher zugesehen, eine wirklich tolle Sache".
Die Katze brachte ihre gesamte Bewunderung zum Ausdruck. „Wie habt ihr Mäuse das bloß gelernt?", fragte sie mit faszinierter Stimme. Pillana saß verdutzt da und sagte dann, nachdem sie sich ein wenig beruhigt hatte:
„Das kann ich immer schon, seit ich auf der Welt bin, ich wüsste nicht, wie ich mich sonst fortbewegen oder vorwärts kommen sollte".
Die Katze saß da und hörte sich das an, dann sagte sie:

„Nun bis gerade eben, wusste ich nicht, dass es auch Mäuse gibt die Fliegen können, das wäre für mich undenkbar gewesen".

Pillana hatte langsam ihre anfängliche Angst verloren und fragte, nachdem die Katze ausgesprochen hatte:
„Ja, wie bewegen sich denn sonst die Mäuse die Du kennst fort?"
„Auf vier Beinen", kam die Antwort kurz und knapp.
Pillana war nun ähnlich wie die Katze fasziniert und sagte, nachdem sich ihre Verwunderung wieder ein wenig gelegt hatte:
„Das ist ja toll, wie machen die das bloß,
das würde ich zu gern einmal sehen".
Die Katze schaute sie an und überlegte dann.
Nach einer Weile sagte sie:
„Ich kann Dir mal eine Deiner Verwandten zeigen,
wenn Du willst".
Pillana überlegte kurz und sagte dann:
„In Ordnung, aber vor Sonnenaufgang muss ich wieder im Kirchturm sein".

Die Katze schaute sie noch überraschter als vorher an und entgegnete: „Ihr Mäuse seid schon seltsame Tiere".
Dann sagte sie: „Also gut, dann komm mal mit".

Pillana hob ihre Flügel und erhob sich dann in die Luft.
Die Katze sagte: „Einfach toll - na dann flieg mir mal nach".
Sie lief durch das Gestrüpp raus aus dem Biotop und über eines der Felder, das zwischen dem Biotop und der Stadt lag, dann durch einige Vorgärten, bis sie an einem kleineren Gehöft ankamen. Als die Katze dort ankam, wurde sie langsamer und Pillana kam bei ihr an. Die Katze deutete mit ihrer Pfote auf eine der Scheunen, in denen das Stroh gelagert wurde. Die Katze deutete auf ein seitliches Fenster, das sich an der Scheune befand und sagte dann:

„Da musst Du hoch fliegen und dann schau mal durch das Fenster".
Pillana schaute nach oben und fragte dann:
„Kommst du nicht mit?"
Die Katze schaute erst nach oben und dann zurück zu Pillana und entgegnete ihr dann:
„Schön wär`s, nur ich kann leider nicht fliegen".
Pillana entschuldigte sich erst, denn sie fand ihre Bemerkung etwas taktlos der Katze gegenüber und flog dann hoch zum Fenster, um hindurchzuschauen.

Als sie oben ankam, wischte sie mit einem ihrer Flügel den Staub vom Fenster und schaute hindurch, erst sah sie gar nichts und überlegte schon, was ihr die Katze da erzählt hatte. Doch dann, als der Mond hinter ihr ins Fenster fiel, konnte sie auf dem Scheunenboden einige Tiere ausmachen und bei nochmaligem Hinsehen, als der Mond sich vor eine Wolke schob, sah sie auf dem Boden mehrere Dutzend "Mäuse", wie sie noch nie welche gesehen hatte. Sie liefen über den Boden, einige saßen in ihren Nestern und oder bauten sich welche und der Rest war am Fressen. Pillana war vollkommen hingerissen, die Katze hatte also nicht gelogen, es gab tatsächlich Mäuse, die sich statt in der Luft, auf dem Boden fortbewegten und sich von Weizenkörnern, statt Insekten und Früchten, so wie sie ernährten.

Wie oft hatte sie sich schon gewünscht, einmal wie ein Hase laufen zu können oder wie ein Fuchs durch das Gebüsch zu schleichen. „Das mussten mit Sicherheit die glücklichsten Mäuse der Welt sein", dachte sie sich und drückte ihr Gesicht beinahe durch das Fenster. Eine der Mäuse unten sah sie und teilte den anderen mit, dass da was am Fenster saß. Dann sprang sie auf eine Holzkiste und von dort auf einen Strohballen, an dem sie entlang und hochkletterte, bis sie nach einigen anderen erklommenen Ballen, oben am Fenster ankam. Die Maus ver-

schnaufte erst ein wenig und lief dann an das Fenster. Etwas außer Atem, brachte sie heraus: „Haalloo, wer bist denn Du?"
„Ich bin Pillana", antwortete Pillana aufgeregt von draußen.
„Ich bin Mido", sagte die Maus.
„Was treibst du denn hier am Fenster?"
„Ich schau euch Mäusen zu, ich finde das toll, wie ihr laufen und springen könnt und an den höchsten Dingen hochklettern".

Mido schaute sie erst ein wenig verwundert an und holte dann zur Gegenfrage aus:
„Wie bist Du denn hier hoch gekommen? Ich bin der beste Kletterer von uns Mäusen, aber von außen ans Fenster, komm ich nicht".
Pillana schaute sie verwundert an und sagte dann:
„Ich bin geflogen, ich bin eine Fledermaus, das ist nichts wirklich Besonderes".
„Interessant, wir sind Feldmäuse und ein paar von den Spitzmäusen sind auch zu Besuch hier - aber keine von uns kann fliegen. Wie machst Du das denn?", fragte Mido.

Pillana breitete eine ihrer Schwingen aus und deutete mit dem anderen Arm darauf „damit". Mido schaute sie an und man konnte deutlich in seinen Augen lesen, dass er sich auch solche Schwingen für sich und seine Freunde und Bekannten wünschte. Pillana war nicht klar was ihn bedrückte, aber sie merkte es deutlich.
„Sei doch nicht traurig Mido", sagte sie.
„Die Katze die unten wartet, wünscht sich auch solche Schwingen oder Flügel und hat keine".

Mido erschrak: „Die Katze?", stammelte er und war krank vor Angst „was hast Du mit der Katze zu schaffen?", entfuhr es ihm halb ängstlich, halb böse.

Mido rief nach unten: „Die Katze ist draußen" und die Mäuse fuhren zusammen. Pillana verstand Midos und die Reaktion der Mäuse nicht.
„Was hat euch denn die Katze getan?", fragte sie
„Sie ist der Grund, wieso wir hier sind und sein müssen".
„Früher haben wir auf den Feldern und in der Nähe des Teiches gelebt und in dem ein oder anderen Vorgarten unsere Tunnel und Nester gebaut. Dann kam die Katze, irgendeiner der Menschen hat sie hierher gebracht und von da ab, waren wir unseres Lebens draußen nicht mehr sicher".
„Sie sucht uns und frisst uns, wenn wir nicht aufpassen".
„Sie frisst euch?", antwortete Pillana entsetzt.
„Mir hat sie nichts getan, im Gegenteil sie hat wie ihr mein Fliegen bewundert und hätte es am liebsten selbst getan".
„Das glaube ich, ein Glück, dass sie es nicht kann,
nicht mal, wenn sie üben würde".

Langsam wurde Pillana klar, wieso die Katze so fasziniert von ihrem Fliegen gewesen war und es so bewundert hatte. „Natürlich, wenn sie es könnte, sie würde einen Weg finden in diese Scheune zu kommen, mit dieser Fähigkeit ausgestattet. So aber, waren die Mäuse vor ihr hier sicher", dachte sie.

Sie verstand Mido nun auch und seinen Wunsch nach den Schwingen für sich und die anderen Mäuse. Sie verabschiedete sich bei Mido und flog dann zurück zum Kirchturm, denn bald würde die Sonne aufgehen. Diese ganz alltägliche Sache und Fähigkeit, die das Fliegen für sie, das wurde ihr klar, als sie wieder an ihrem Balken hing, war für die anderen der Schlüssel zu Leben oder Tod.
Das verstand sie nun und war sehr froh, eine Fledermaus zu sein.

(c) Simon Käßheimer

Gedichte
Poesie individueller Art

Buchstäbliches aus der Schreib-Feder

der
Autorin

Marianne Knip

alias MarianneK

auf dem Portal myStorys vertreten

Sehnsucht nach dem Meer

Habe Sehnsucht nach dem Meer
Ist es wirklich schon so lange her

Als ich hörte diesen Wellenschlag
Dabei träumend in der Sonne lag

Das Schreien der Möwen in der Luft
Einatmend des Meeres salzigen Duft

Der zärtliche Wind auf meiner Haut
Eine Burg zum Schutz aus Sand gebaut

Spaziergänge entlang über den Strand
Meine Zehen gruben sich tief in den Sand

Kleine Wellen umspülten zärtlich die Füße
Schickten aus Meerestiefe mir ihre Grüße

Verglühend die Sonne in Meer versank
Silberschein des Mondes auf die Erde sank

Des Sternenglanz über die Liebe wacht
In einer traumhaft warmen Sommernacht

(c) Marianne Knip

Sich finden

Ein kurzer scheuer Blick
zur Seite
strahlende Augen schauen
mich an

Sein Lächeln dringt in die Tiefe
meiner Augen
berühren zart mein Herz
es zittert
Schmetterlinge sie fliegen
im Bauch

Mein zaghaftes Lächeln
verliert sich
in diese strahlende Augen
halten fest
können sich nicht mehr trennen
es berühren
sich zärtlich streichelnde Hände
halten fest

Sein Kuss so heiß wie das Feuer
bin verloren.

(c) Marianne Knip

Feuer

Leidenschaftliche Wärme

Leuchtet aus Deinen Augen

Zärtlich Lippen gleiten betörend

Zart über meine Haut

Sie entfachen ein Feuer

Das meinen Körper in lodernde

Flammen taucht

Der Verstand hat jegliche Kontrolle

Über das Herz verloren

Es brennt lichterloh

(c) Marianne Knip

Sommernacht

Es war in einer warmen Sommernacht,
der Mond vom dunklen Himmel lacht.

Sterne glänzten hell vom Himmels Zelt,
es versank um mich herum die Welt.

Hatte einen wunderschönen Traum,
liegend unter unserm Apfelbaum.

Voll Sehnsucht träumte ich von Dir,
ach könntest Du doch sein bei mir.

War dies echt oder kommt´s mir so vor,
Liebesworte hört plötzlich mein Ohr.

Mir ist als nimmst Du mich in den Arm,
fühlte Deinen Kuss so zart und warm.

Spüre Dich hier, ich glaube es kaum,
konnt´ es nicht fassen, war kein Traum.

Strahlend der Mond über uns wacht,
in dieser herrlichen Sommernacht.

(c) Marianne Knip

Sehnsuchtsgedanken

Bin in Erinnerung an Dich versunken

allein der Gedanke
an Deine Berührung lässt mein Blut
wie flüssiges Lava
durch meine Adern fließen

schließe meine Augen
fühle Deine streichelnde Hände zärtlich
auf meiner Haut
spüre leise geflüsterte Küsse
die mich in
schwindelnde Höhen schwebend
ins Land
der Träume der Liebe entführen

Sehnsuchtsseufzer
fliegen leise durch die dunkle Nacht
hörst Du sie.

(c) Marianne Knip

Gedichte
Poesie individueller Art

Best of Reggy

der
Autorin

Regina Löwenstein
alias Reggy

auf dem Portal myStorys vertreten

Speed – Im Rausch der Geschwindigkeit

Hundert Gänge und keine Bremse
So ist das Fahrzeug aufgebaut
Das sich Leben nennt
Ein endloses Formel-1-Rennen
Die Startlinie weit hinten
Das Ziel unendlich weit weg
Die Erde dreht sich mit 250 km/h
Rast aus ihrer Umlaufbahn
Um sich selbst zu überholen
Die Sonne beeilt sich aufzugehen
Kaum ist sie da, sinkt sie am Horizont
Und das fünf Mal am Tag
Die Geburt war nur ein Termin
Im prall gefüllten Kalender des Lebens
Der Tod wird der nächste
Immer Gas geben, um sich nicht zu verspäten
Sonst holt er euch ein
Alles nur eine Frage des Timings?
Der Herzschlag wird zum Countdown
Beim Atmen bleibt der Blick am Tacho
Wo es kein Limit gibt
Nur eine Mindestgeschwindigkeit
Sie zu unterschreiten ist gefährlich!
Denken muss man im Schnelldurchlauf
Bevor man es vergisst
Eine nette Geste soll schöner sein
Wenn man sie im Zeitraffer erlebt

(c) Regina Löwenstein

Krieg

Die Sonne brennt mit aller Macht
Auf die, die da kämpfen Tag und Nacht
Der heiße Sand mit Blut getränkt
Denn einige Politiker sind gekränkt
Alle wissen: Sie spielen wie die Kinder
Doch das kann den Schmerz nicht lindern

Der Himmel wird von den Kugeln verdunkelt
Warum? Über den Grund wird nur gemunkelt
Schon wieder wurde jemand getroffen
Auf Rettung kann man nicht mal hoffen
Keiner sucht nach dem Herd des Übels
Selbst wenn es Bomben regnet in Kübeln

Rauch und Klagelaute erfüllen die Luft
Die Menschen trennt eine riesige Kluft
Nicht zu überhören sind die Todesschreie
Doch taub sind die verfeindeten Parteien
Egal sind ihnen die Tausende von Opfern
Den, der viel mordet hält man hier für tapfer

Wahnsinnige denken sich immer neue Waffen aus
Um Unschuldigen schnell zu machen den Garaus
Ihr Verstand ist zu trüb, um eine Lösung zu finden
Sie sind zu faul, um das Minenfeld zu überwinden
Unfriede stiften sie bis ans Ende ihrer Tage
Sie wollen verbieten lassen die weiße Flagge

Frieden ist ein Wort, das sie längst vergessen
Sie können kein Mitleid fühlen, nur noch hassen
Die Gräuel, die sie tun, halten sie für gerecht
Es ist wie ein Albtraum, doch er ist so echt!
Solange jemand kann schießen
Endet nicht das Blutvergießen

(c) Regina Löwenstein

Macht Stadtluft frei?

Aus Beton ist nun gebaut ein Dschungel
Seine Bewohner – nicht besser als Tiere
Bloß kriechen sie nicht auf allen Vieren
Der süße Duft von Smog füllt ihre Lungen

Wo ein Haus die Wolken kratzt
Musst Du immer höllisch aufpassen
Oder schnell ihr Revier verlassen
Sonst zerreißt Dich die Meute ratz-fatz

Unter Asphalt versteckt die Erde
Man sieht nur ein riesiges Baugerüst
Wo eins der Tau die Wiese geküsst
Abgegrast von der metallenen Herde

Hier sind die Menschen nur Maschinen
Programmiert auf das Machen von Geld
Ein Dollarschein – die Karte ihrer Welt
Dafür wollen sie schuften wie die Bienen

Merken nicht, wie man sie ausnützt
Denn ihnen ist schon alles einerlei
Keine Mauern, doch ist niemand frei
Sie fühlen sich in einer Bank beschützt

An jeder Ecke schimmert die Reklame
Trotzdem erscheint die Welt hier grau in grau
Such gar nicht erst, hier gibt es nichts für lau
Ohne Geld und Macht – keine Aufnahme

(c) Regina Löwenstein

Binär

In einer binären Welt
Heißt es stets fifty-fifty
Es gibt nur zwei Möglichkeiten:
Ja oder nein
Nimm das „vielleicht"
Gar nicht erst in den Mund!
Denn der Unbestimmtheit
Haben wir uns entledigt
Aber zu welchem Preis?
Schwarz oder weiß
Grautöne kannst du nicht sehen
Wie ein Computer musst du
In Einsern und Nullen denken
Sein oder nicht sein

Denn das Leben –
Ein einziges Ultimatum
Du musst Dich für die eine
Oder die andere Seite entscheiden
Alles andere wäre feige
Freund oder Feind
Du kannst nicht neutral bleiben
Entscheide Dich, für wen Du kämpfst!
Eine goldene Mitte gibt es nicht
Denn zwischen zwei Stühlen
Lauert nur der Abgrund
Drum denk nach, bevor Du wählst!

(c) Regina Löwenstein

Star

Ein neuer Stern geboren
Am Firmament des „Hall of Fame"
Erblüht in einer gefährlich´ Welt
Wie lange wird es dauern, bis er fällt?
Falsche PR und schon bist Du verloren
Und fällst aus dem „Frame"

Inmitten von Blitzlichtern und Kleidung teuer
Interviews die einzige Art zu sprechen, die Du kennst
Kann Dich Dein Manager vor alledem beschützen?
Oder lässt er Dich fallen, sobald Du bist unnütze?
Um die Gefahr wissend, spielst Du mit dem Feuer

Pass auf, Kind des Glamours, dass Du Dich nicht verbrennst!

An Rudeln von Paparazzis vorbei
Kämpfst Du Dich, immer charmant lächelnd
Doch dieses Lächeln ist doch nur Schein
In Wirklichkeit bist Du mutterseelenallein
Nur zur Show brichst Du Herzen entzwei
Ob das bemerkt die Meute hechelnd?

Auch auf´m Roten Teppich kann man stolpern,
Der Weg nach unten ist nur allzu kurz
Dein Fallschirm ist Dein Abendkleid
Doch mit den Pumps kommst Du nicht weit
Und wenn eins Deiner Monologe holpert,
Bist Du schon bald allen ziemlich schnurz

Du hältst Deine Scheinwelt aufrecht
Mit Klatsch, Drogen, Schminke, Peeling
Wie lange wirst Du Deine Maske tragen?
Antworten auf all die leeren Fragen?
Bist Du lange genug im Geschäft
Entwickelst Du für Erfolg das Feeling

Oder wirst Du vorher ´rausgeschmissen?
Und an Deine Stelle tritt ein neues Wunder
Denn Du bist schon längst out
Nicht schön genug, nicht witzig, nicht versaut
So wird Dich keiner vermissen
Denn Deine Fans sind untreue Hunde

(c) Regina Löwenstein

Miesepeter

Ich kann über Leute nur staunen
Die immer haben schlechte Laune
Im Leben keine Freude finden können
Und sich selbst keinen Spaß gönnen

Sie laufen mit einer Miene rum
Als wäre ihre Zeit schon morgen um
Es ist, als würde es in ihrem Leben
Keinen einzigen Lichtblick geben

Als hätten sie vergessen, wie Freude geht
Und dass Glück im Inneren entsteht
Sie würden sich lieber den Hals verrenken
Als an etwas Fröhliches zu denken

Sie ertragen nicht das Geräusch von Lachen
Müssen sich sofort die Ohren zumachen
Sie sehen die Welt grau in grau
Obwohl sie nie hinsehen so genau

Zum Schutz umgeben sie sich mit Trauer
Wie mit einer undurchdringlichen Mauer
Sie lassen keinen in ihre Welt rein
Der nicht versinkt im ewigen Grein

Zu meckern finden sie immer etwas
Nörgeln mögen sie – als Einziges
Und selbst wenn draußen ist schönes Wetter
Sind sie nicht zufrieden, die Miesepeter!

(c) Regina Löwenstein

Muttersöhnchen

Du gehst ins Bett pünktlich um acht
Jeden Schritt machst Du mit Bedacht
Denn wenn Du mal stolperst in ´ne Pfütze
Geht wieder los Mamis Gesülze
Du hast Dein Skateboard schön versteckt
Damit es Mami nich entdeckt

Du würdest Dich einfach nix trauen
Ohne zuerst zu Mami zu schauen
Ob sie auch einverstanden ist
Sonst wird sie zu ´nem strengen Biest
Bist gegen alle Krankheiten geimpft
Außer der Angst, dass Mami schimpft

Benimm Dich, sonst heißt es – ab nach Hause!
Lass Dir nicht in den Kopf setzen die Flause
Schon gar nich von den Lausebuben

Die draußen in der Halfpipe üben
Zu Hause spielt ihr Mensch-Ärgere-Dich-Nich´
Alles andere wäre für Dich gefährlich

Hängst immer an Muttis Rockzipfel
Bist nie geklettert in Baumwipfel
Die Freunde, die Du hast, sind nich Deine
Von Mami ausgesucht, damit Du nich mehr bist alleine
Natürlich lässt sie Dich niemals spielen
Mit den bösen Jungs, das wär´ zu viel!

Mutti will nich, dass wir zusammen sind
Ist mir egal, ich bin ein freies Kind
Wenn sie´s rausfindet, kriegt sie ´nen Schock!
Doch auf Windeln hast nich mal Du mehr Bock
Ich werde Dir zeigen, wie man richtig lebt
Mami verfehlt das Ziel, das sie anstrebt

Sie macht aus Dir ein Muttersöhnchen!
Du bist schon ein verwöhntes Engelchen
Das nach der Pfeife seiner Mama tanzt
Sich immer brav zum Lernen hinpflanzt
Sei doch mal selbstständig, sei ein Mann!
Bis Mami kommt, dann: Rette sich wer kann!

(c) Regina Löwenstein

Wahrheit
Das Rennen

zwei Kurzgeschichten

des
Autoren

Michael Masomi

alias Micha2071

auf dem Portal myStorys vertreten

shortstory
Wahrheit

Die Wahrheit.
Wenn ich in den Spiegel schaue, dann finde ich sie nicht (gleichzeitig springt sie mich an, wie ein gefährliches Raubtier, wenn ich in meine Augen blicke). Ich bin nicht hässlich, nicht dick und habe keine Behinderung (die zu sehen ist!). Keine Narben. Frauen sehen sehr viel in mir, sie sprechen mich an. Ich muss nur da sitzen und gut aussehen. –
Ich bin sehr attraktiv!
Ja, ich sehe verdammt gut aus!

Ich bin nicht schwachsinnig! Bin überdurchschnittlich intelligent. – Habe mein Abitur mit 1,2 geschafft, obwohl ich nie richtig gebüffelt habe. War ein halbes Jahr vor den Prüfungen auf Jamaika und habe das Geld meine Oma verprasst (welches natürlich fürs Abi war!) und habe dennoch so gut abgeschnitten. Die Lehrer haben mich zumeist gehasst, tja, ich sie auch. (Einigen von ihnen, hätte ich gerne die Zunge ans Lehrerpult genagelt!) – Etwas hielt mich zurück.

Ich habe einen guten Job beim Fernsehen und poppe recht anständig. Viele Frauen sollen ja den Orgasmus ein Leben lang vortäuschen, nicht bei mir. Wenn eine Frau nach drei Stunden Hinundher und Reinundraus keinen Orgasmus kriegt, dann hat sie keinen Kitzler mehr! Ich habe keinen Hass auf die Frauen. (Auch sonst habe ich auf niemanden Hass!)

Warum also? Die Suche nach der Wahrheit?
Während ich hier stehe (mit den Füßen im warmen Blut) und in den Spiegel blicke, finde ich keine Ant-

wort. Meine Mutter hat mich nie gequält – Ich bin kein Norman Bates. Ich höre keine Stimmen in mir – Ich bin kein Jesus Christus. Ich will nichts beherrschen – Ich bin kein Adolf Hitler. Ich will niemanden befreien – Ich bin kein Cheguevara.
Zwischen meinen Haaransätzen ist kein Zeichen – Ich bin nicht Satan.
Ich bin viel schlimmer!
Ich lebe!

Ich halte das Beil noch in meinen Händen, Blut und Hirn kleben daran und ich höre noch das Geräusch, des sich öffnenden Schädels. Es klang, als hätte ich die Türe eines alten Schranks aufgemacht und die alten Scharniere knirschen und quietschen abscheulich. Zuerst kommt gar kein Blut. Man guckt in die Öffnung und denkt, verdammt da muss doch Blut sein, aber es kommt kein Tropfen. Dann entspannt sich das Herz (es ruft lauthals: „Hey Leute! Ab heute ist hier für immer Schluss! Ihr könnt nachhause gehen!"), der Blutdruck pumpt sich leer und fontänenartig spritzt das Blut aus der ...Öffnung? ...Wunde. Die roten und weißen Blutkörperchen packen ihre sieben Sachen und ziehen aus.

Der Mann war sofort tot!
Manche zucken noch oder röcheln.
Ich hasse das, die stellen sich an wie Babys. Kleine Wichser! Die Jammerlappen unserer Gesellschaft. Gesellschaft? Ist die Gesellschaft an einem Menschen wie mir Schuld? Vielleicht gar nicht mal so falsch der Gedanke. Ich bin ein Teil dieser Gesellschaft, ich gehöre zu ihnen. Bin ich wie sie? Sind sie wie ich oder bin ich nur das, was sie hervorrufen? Die Leute grüßen mich, ich bin einer von ihnen. Ich bin kein Penner, kein Bandit, kein Revoluzzer und ich hab kein AIDS. Ich zahle meine Steuern, gehe zur

Wahl und habe hin und wieder Sex. Ich sehe einem Engel ähnlicher als dem Teufel.

War die Gesellschaft schuld, dass mein Vater meine Mutter verlassen hat, als ich fünf war? Wenn ich meine Augen ganz fest zumache und mich erinnere, dann kann ich ihn sehen, wie er mir mein erstes Fahrrad schenkt. Er lacht. (In meinen Träumen fressen Maden seine Augen. Seine Augäpfel implodieren und er rennt wie wahnsinnig durch mein Zimmer. Solche Schmerzen hat er.) Aber ich, ich empfinde nichts dabei. Weder Hass, noch Mitleid. Es ist mir egal. Am liebsten würde ich ihm sein Scheiß-Fahrrad anal einführen. Aber nicht aus Wut. Einfach nur so, zum Spaß. Sadistisch war ich immer!

Ich erinnere mich daran, ich war sechs, oder sieben, da habe ich Plastik angezündet und die heißen Tropfen auf wimmelnde Ameisen fallen lassen. Eine Ameise stirbt mit mehr Würde als ein Mensch. Sie haben nach allem gebissen, was ihnen in die Quere kam. Sie wollten noch jemanden mit in den Tod reißen. Mich sahen sie nicht, mich bemerkten sie nicht einmal. Sie glaubten nicht, dass ich ein grausamer Gott sei, der sie bei lebendigen Leibe verbrannte und einschmolz.
Wespen brennen auch gut!

Ich hab einmal ein ganzes Nest mit einer Haarspraydose und einem Feuerzeug erledigt. Ihre Königin hat noch im Todeskampf Eier geschissen, die ich aufaß. (Wenn man eine Maus mit einem Gummihammer malträtiert, dann fliegen ihre Eingeweide und das Blut aus ihrem kleinen Arschloch raus. Der Rest ist heil, sieht nur aus wie ein Ball ohne Luft.) Dabei fällt mir ein, als ich mit fünfzehn ein Mädchen liebte, habe ich ihr eine Brustwarze abgebissen. Sie hatte danach mit mir Schluss gemacht. Ja? Oder habe... Ich weiß das nicht mehr. Hm? Komisch, wie die Zeit die Vergangenheit verblassen lässt.

Ich war immer von der Brutalität der Grimmmärchen fasziniert. Wenn die Geißen dem Wolf mit einer Schere den Bauch aufschnitten, Schneewittchens Stiefmutter in glühenden Schuhen tanzen musste, die Hexe im Ofen verbrannte oder sich das Rumpelstilzchen in zwei Teile riss, bekam ich immer ganz große Augen, erzählte meine Mutter immer.

Ich malte im Kindergarten so grausame Bilder, dass meine Oma vorbeikommen musste. Meine Oma nahm alles immer ziemlich leicht.
„Der Tod interessiert Kinder!", sagte sie immer.
„Wie das Leben. Aus einem Loch kommen wir und in ein Loch gehen wir zurück".
Dann lachte sie immer.

Mama lachte auch immer viel, wenn sie sich Heroin spritzte. Sie wäre fast gestorben, heute spritzt sie nicht mehr. Sie kifft nur hin und wieder. Schwarzen Afghanen oder grünen Libanesen – wenn sie ihn kriegt. Ich rauche gerne Marihuana. Ich verstehe mich mit meiner Mutter sehr gut, sie ist nur dreizehneinhalb Jahre älter als ich, fast wie meine große Schwester. Sie hatte nie das Sorgerecht für mich, das hatte immer die gute, reiche Oma. Sie war immer gut zu mir und ich habe eine lange Zeit mit ihr gelebt. Ich bin stolz darauf, sagen zu können, dass ich mit einunddreißig eine Mutter habe, die vierundvierzig ist und einen Vater mit achtundvierzig.

Drogen nehme ich nicht, ich trinke nicht einmal. Mein einziges Laster ist Grassrauchen und das ist gesund. Ich höre gerne Johny Cash. Auch war ich nie verheiratet oder gar verlobt Ich habe noch nie jemanden wirklich geliebt, nicht einmal meine Katze, das arme Vieh. Sie hat mich so entsetzt angeguckt, als könne sie es nicht verstehen, warum die größte Liebe ihres Lebens sie abmurkste.

„Hast Du Dich auf sie draufgelegt?", war der knappe Kommentar meiner Großmutter. Sie liebte mich, ich war ihr Abgott, nie hätte sie darin eine Absicht vermutet. Meine Mama schon, sie schaute mich lächelnd, mit ihren glasigen Augen an.
„Wolltest sehen, wie das Leben entweicht?"

Es gab Augenblicke, da hätte ich schwören können, sie wollte sehen, was passiert, wenn ein Zehnjähriger eine Überdosis erhält. Aber sie war nicht so, sie war kein Josef Mengele! Ich habe eine lange Zeit mit Oma und Mama zusammen gelebt. Ich war dreiundzwanzig, als ich meine Ausbildung zum Mediengestalter abschloss und nach Köln zog, um bei RTL Plus zu arbeiten. Mama war immer gut zu mir. Aber ich bin kein Muttersöhnchen! Vielleicht weil sie noch so jung war. Ich wollte aber nie mit meiner Mutter schlafen, obwohl sie sehr schön war. Ich wollte sie auch nie töten.

Mama und ihr Drogenkonsum verhalfen mir ab fünfzehn zu eigenem Wohlstand. Wenn sie sich ihr Zeug spritzte, war sie direkt so high, dass sie in ihrer eigenen Welt versank. Es gibt Junkys, die werden und werden nicht mehr high. Das Gift ist schon ein Teil ihres Körpers geworden und der Süchtige muss immer mehr in seinen Körper pumpen, bis er eines Tages den Goldenen findet.

Mama war da anders. Sobald ihr Zeug durch die Venen floss, riss sie ihre Augen auf und rannte durch ihr Zimmer und zog sich aus. Sie legte sich dann nackt auf ihr Bett und jauchzte vor Vergnügen. Viele haben Horrortrips beim Schießen, Mama nicht. Vielleicht lag es daran, dass sie sozial gefestigt war, sie musste sich keine Sorgen um die Beschaffung machen, Oma zahlte alles.

Irgendwann bin ich dann in ihr Zimmer gegangen, um mit ihr zu reden, doch sie war gar nicht ansprechbar. Ich glaube sie verweilte im Glück und selbst Alice würde keine besseren Filme fahren. Ob sie das weiße Kaninchen oder den Hutmacher sah, weiß ich nicht, aber sie sah auf keinen Fall Fledermäuse oder poppende Eisbären. Sie wälzte sich im Bett hin und her, spreizte ihre Beine und hauchte, jauchzte und stöhnte, als hätte sie den besten Bums der Welt. Nachdem ich mich dreimal in ihr Zimmer schlich (ich zockte ihr jedes Mal etwas H ab und verkaufte es in der Schule), nahm ich beim vierten Mal meine Kamera mit. Es war eine 8mm-Filmkamera und mit dieser, machte ich meine ersten Filme, mit Mama in der Hauptrolle.

Mama war mit achtundzwanzig eine willige Schauspielerin und ich vermute, sie hat mich schon beim ersten Mal bemerkt, dachte aber wohl, ich sei eine Halluzination. Sie hätte es merken müssen, aber sie bewegte sich vor meiner Kamera, als wäre ich nicht ihr Sohn. (Ich machte schon länger Filme, nicht von meiner Mutter, sondern von meinen Bluttaten in der Tierwelt. Oma finanzierte mir sogar meinen eigenen Vorführraum) Ich schaute mir meine Mama auf Leinwand an. Ich bekam keinen Ständer und ich wichste nicht. Ich bin nicht schwul, aber ich will nicht mit meiner Mutter schlafen! In der Schule sprach ich Jungs an, die sich für ein gewisses Entgelt die Filme ansehen durften. So dachte meine Oma, ich hätte jede Menge Freunde und sei in der Schule gut angesehen. Später schlich ich mit Mitschülern in das Zimmer meiner Mutter und ließ sie für 250 D-Mark durchknallen. Ich nahm sie dabei auf und erhöhte die Filmpreise.

Meine Oma fand einen Film, als ich schon ausgezogen war und erlitt einen Schlaganfall. Sie lebte noch einige Jahre, aber sie sprach nicht mehr und so nahm sie mein Geheimnis mit ins Grab.

Jetzt mache ich Aufnahmen von Menschen, die ich abschlachte. Und ob ihr mir glaubt oder nicht, es gibt sogar einen Markt dafür. Aber die Wahrheit ist, ich finde es einfach schön im Blut zu baden.
Ich trage meine Maske,
so wie sie die meisten auch tragen.
Man erkennt mich nicht,
weil ich mitten unter euch bin.

Die Wahrheit ist.
Ich werde immer das tun, was in mir ist.
Und ihr könnt es nicht verhindern!

(c) Michael Masomi

shortstory
Das Rennen

Fünf Stunden. Fünf verdammte Stunden!
So lange hatte niemand vor ihm durchgehalten.
Fünf...

Sascha könnte es vielleicht sogar schaffen. Nach fast fünf Jahren, würde ein Läufer das Match mal wieder gewinnen. Er hatte vier Jäger erledigt und ihre Waffen kassiert. Blieben noch fünf. Die magische Zahl fünf. Vielleicht hatte er Glück. Primzahlen lagen ihm, schon damals in der alten Zeit in der Schule. In der fünften Klasse, für ihn die letzte Schulklasse vor der Klimakatastrophe und der Machtergreifung der Militärs. Deutschland hatte wieder einen Führer. Die ganze Welt hatte Führer, aber in diesem Land, so hatte er von seinem Vater gelernt, sollte es nie wieder Führer geben.

Sein Vater war tot, genau wie seine Mutter. Er kam ins Umerziehungslager, danach ins Internierungslager, die nur bessere KZ's waren. Der Führer Mitteleuropas hatte das Match eingeführt, um die Internierungslager zu leeren. Damit sie wieder Neue internieren konnten. Sascha war noch in der Freiheit aufgewachsen, jetzt war Freiheit ein Wort, das aus dem Duden gestrichen wurde. Das Ziel. Am Ziel würde er Absolution erhalten und er könnte am Leben hier oder an einem Leben auf den Weiten des Meeres teilnehmen, wo die Ausgestoßenen waren. Der Oberst des Rheinlandes, würde ihm die Papiere aushändigen und er würde frei sein.
Frei! Unschuldig.
Ein neuer Mensch.

Die Salve aus einem MG, brachte ihn zurück in die Realität. Sie wurde über seinen Kopf hinweg geführt. Sie war eine Warnung. Die nächste würde den Container, hinter dem er sich verkroch, zersieben. Die Soldaten griffen immer nur ein, wenn ein Läufer länger als fünfzehn Minuten verschnaufte. Er hob die Uzi über seinen Kopf und feuerte, dann sprang er auf und spurtete los. Seine Füße platschten in dem knöchelhohen Wasser.

Das Rheinland war überflutet, die Städte am Rhein standen mehr als einen Meter unter Wasser. Köln und Düsseldorf waren das neue Venedig, genau wie die anderen Rheinanlieger. Seine Stadt lag etwas höher, außer dem Vorort Ürdingen, waren in seiner Stadt die Straßen nur leicht überflutet, nur bei Hochwasser musste man mit Boten fahren. Er hatte als Kind am Hülserberg gewohnt. Als er vom Internierungslager nach Hellskitchen gebracht wurde, sah er, dass sein Elternhaus trocken und trotzend dastand. So trotzend wie sein Vater.

Hellskitchen, der Bezirk im Süden, war in seiner Stadt für das Match ausgesucht worden. Von da ging es nach Fischeln und dann hinter der Stadt, würde er frei sein. Er verließ Hellskitchen gerade und sah die alte Brauerei, die die imaginäre Grenze zwischen Hellskitchen und Fischeln darstellte. Dort war der tiefste Punkt seiner Stadt und das Wasser stand brusthoch.

Er drehte sich um. Da waren sie. Die Jäger. Sie wurden von der umherstehenden Menge bejubelt. Die vier Bürger, die Sascha mit der Uzi niedergemäht hatte, wurden gerade weggeschafft. Jedes Jahr starben hunderte Schaulustige. Das war das Risiko. Der Jubel den Jägern gegenüber war lauter, als die Buhrufe gegen ihn. Sie waren ohrenbetäubend, als sie noch zwanzig waren, aber gegen eine Person hatte das Volk nicht soviel Luft. Für jeden Läufer kamen neun Jäger. Und nur diese Jäger durften ihr Opfer zur Strecke bringen. War ein Läufer ausgeschieden, machten seine Verfolger Feierabend. Zwanzig Läufer, hundertachtzig Jäger. Die meisten waren in Hellskitchen draufgegangen. Sie versteckten sich in den Seitenstraßen der Gladbacher, in denen es viele Schlupflöcher gibt, aber sie wurden alle gefunden.

Sascha und drei andere schafften es auf den alten Friedhof. Sie versteckten sich hinter den alten Grabsteinen, von denen viele größer als ein Mann waren und warteten. Frank wurde von den Soldaten zur Strecke gebracht, als er zu lange wartete. Die Kugeln rissen faustgroße Löcher in seinen Oberkörper, seine zerrissenen Gedärme klatschten gegen die alten Steine und besudelten Sascha mit Blut. Micha war der Erste, der sich zur Wehr setzte. Er kauerte hinter einer Engelsfigur, die Soldaten sahen ihn, aber die Jäger waren genauso von der Dunkelheit betroffen, wie die Läufer. Chancengleichheit nannte das die Führung. Er sprang einen Verfolger an, schmetterte ihn mit dem Kopf gegen den Stein und raubte seine Waffen. Sieben seiner Jäger machte er den Garaus, verteilte ihre Waffen an seine beiden Mitläufer, als die beiden Letzten ihn ins Kreuzfeuer nahmen. Micha starb mit erhoben Armen und schrie mit einen Röcheln: „Fickt euch! Bastarde!"
Dann brach er blutend zusammen.

Sascha und Georg schossen ins Dunkle und beide trafen einen ihrer Hascher. Sie liefen, duckten sich und schossen. Versteckten sich. Einmal dachten sie, ihre Jäger wären hinter ihnen, doch es waren Soldaten, die sie im Auge hielten. Sie schossen die

Männer nieder, die sofort von anderen, mit erleuchteten Helmen, ersetzt wurden.
Einer zischte ihnen zu: „Totes Fleisch!"

Sie kletterten über den alten Eisenzaun und waren bei der Eisenbahnstrecke.
„Wo lang?", fragte Sascha.
„Da, nach Süden!"
Die beiden joggten locker nebeneinander her.
Jeder ein Sturmgewehr, drei Pistolen, zwei Messer und eine Uzi.
„Das gab es lange nicht!" Sascha lachte und versuchte seine Geschwindigkeit zu halten.
„Ja! Die meisten wurden in den letzten Jahren, direkt vor der Haustüre meiner Eltern erschossen. Wenn Du den Start überlebst, hast Du eine Chance".
Georg rieb sich über seinen kahlen Kopf.

Wasser und Mott wollten sie aufhalten. Die Bäume gaben ihnen Schutz. Die Soldaten liefen mit ihren Lichtern neben ihnen. Ihnen schien es nichts auszumachen, die Stiefel voll Wasser zu haben. Sascha hasste das Gefühl in seinen Nikes. Vor dem großen Gau war es warm und trocken, dann kam das Wasser. Die Schulen wurden geschlossen und die Regierungen gestürzt. Die Armeen hatten in den vergangen Jahren immer öfter zusammen gearbeitet. UN-Einsätze nannten sie das, doch die Armeen verbrüderten sich und nach Irak-, Iran- und Afghanistankrieg, erhoben sie sich immer häufiger. Sie übernahmen die Macht und ihre Führer setzten sich zusammen.

Einer für Europa, einer für Asien, einer für die arabischen Länder, einer für China, einer für Indien, einer für Süd-, einer für Nordamerika. Nur der Pazifik war frei von ihnen. Sie schienen sich auch nicht dafür zu

interessieren. Australien war nur noch eine kleine Insel, auf der, wegen des Ozonlochs alle Überlebenden starben, die Philippinen und ihre Nachbarstaaten waren von Erdbeben und dem Meer verschluckt. Georg lief voraus.
„Stopp!", rief Sascha. „Ein Grenzpfahl!"
Grenzpfähle standen überall da, wo die Läufer nicht hin durften. Sie wurden im Abstand von zwölf Metern aufgestellt und ihre Peilsender blinkten zart rosa und piepten. Sie waren mit den Implantaten in ihren Gehirnen verbunden. Überschritt ein Läufer die Pfähle, kochten Mikrowellen sein Hirn weich. Georg war dran vorbei. Trotz der Dunkelheit, sah Sascha die Panik in seinen Augen. Dann platzten diese und der junge Mann sackte auf die Knie. Blut lief aus den Augenhöhlen. Sein Gesicht klatschte in das modrige Wasser. Tot!
Sascha hatte überlebt.

Da war die Brauerei. Das Wasser glitzerte im Morgengrauen. Hinter ihm platschte es. Ein Jäger. Der Schuss knallte und die Kugel durchschlug seine Schulter. Er taumelte. Die Menge schrie. Im Fallen hob er die Uzi, drückte ab. Die letzten Kugeln im Magazin, erledigten drei seiner Verfolger und vier Zuschauer, die ihnen hinterher liefen. Er rappelte sich auf, schmiss die Maschinenpistole weg, zog die Beretta und feuerte wild hinter sich. Ein Soldat brach getroffen zusammen. Sascha hechtete ins Wasser und tauchte.

Sofort setzten sich Schlauchboote mit Motoren in Bewegung, auf denen die Soldaten saßen. Er tauchte auf, schwamm mit nur einem Arm paddelnd, in Richtung Fischeln. Nach einer halben Stunde war die Tiefe überwunden und er konnte wieder laufen.

Auf der Straße standen die Schaulustigen. Sie buhten ihn aus, schmissen Bierdosen nach ihm. Er feuerte in die Menge, einige brachen zusammen. Ein Soldat richtete sein Gewehr auf ihn und schrie: „Weiter! Das ist verboten! Beim nächsten Mal gibt's den Kanickelfangschuss, Wichser!"

Der Blutverlust vernebelte Sascha die Sicht. Er wollte es schaffen. Er ließ die Pistole sinken und lief in Richtung Marienplatz. Hier war, als er ein Kind war, immer die kleine Kirmes. Drei Fahrgeschäfte, sieben Buden fürs Essen, ein Schießstand und eine Losbude. Sein Vater ging jedes Mal mit ihm dahin. Sie fuhren Autoskooter, aßen Pommes mit Fisch und schossen für Mama Rosen.
„Genieße Dein Leben, Junge!"
Sein Vater wollte sein Leben immer genießen. Er trat für seine Freiheit ein, er und Mutter wurden abgeführt. Sascha hatte sein Leben nie genossen. Es gab nur Wasser und Brot, abends Suppe mit alter Wurst.

„Lernt euer Land zu lieben!", sagte der Oberst des Rheinlandes immer im TV.
„Ich hasse mein Land!", schrie Sascha nun und taumelte im Brachwasser der Straße. Wieder ein Schuss. Die Kugel streifte seine rechte Wange, auch die Jäger, die beiden, die noch da waren, gingen auf dem Zahnfleisch.
Freiheit! Wenn du durchhältst, bist du frei!
„Frei sein ist alles mein Sohn!", hörte er die Stimme seines Vaters, als dieser sich mit seinen Freunden auf den Weg machte, den Anschlag auszuführen.
„Freiheit Junge!"
Er gab Mutter einen Kuss auf die Stirn.

Sie holten ihn und sie. Sascha kam ins Lager, er war noch jung, Heidi, seine große Schwester, gerade 16, kam in den Armeepuff. Ob sie noch lebte, wusste er nicht. Beim Start hatte er Simone gesehen. Sie stand bei den anderen weiblichen Läufern, die starben, als der Startschuss fiel. Simone hatte er im Lager geliebt. Mit ihr fühlte er sich frei. Sie war zu hässlich für den Puff, so sagte der Oberst. Für Sascha war das große, dicke Mädchen eine Göttin, die ihn hin und wieder in die Arme schloss. Er liebte sie, wenn es so etwas wie Liebe gab.

Liebe und Freiheit. Mehr braucht ein Mann nicht!
Auch ein Spruch seines Vaters.

Sascha rannte, seine Beinmuskeln brannten, Blut quoll immer noch aus der Schulter. Der gesunde Arm wurde taub und er ließ die Pistole, seine letzte Waffe fallen. Der Aufschlag hatte zur Folge, dass sich ein Schuss löste und die Kugel in den Unterschenkel Jägers Nummer zwei schlug, der Mann schrie auf und brach brüllend auf den Boden zusammen. Sascha hörte dessen Gewehr hart aufschlagen.

Er selbst trudelte, da war ein Grenzpfahl, er taumelte weg und blickte hinter sich. Der letzte Jäger humpelte hinter ihm her, er war keine zwei Meter von ihm entfernt, hob die Hand mit einer Pistole und drückte ab.
Das war´s! Ich werde kurz vorm Ziel erschossen.
Klick!
Die Waffe war leer.
Leer verdammt.

Der Mann stolperte mit verdutztem Gesicht auf Sascha zu. Der griff die ausgestreckte Hand und stieß mit dem Kopf auf die Nase des Angreifers. Blut spritzte ihm aus der Nase, besudelte das Gesicht

des Läufers und der Jäger ging auf die Knie. Sascha
trat mit letzter Kraft in den Kerl und er fiel zu Boden.
Taumelnd drehte er sich weg und schaute nach
vorn. ZIEL!
Da vorne, knappe zehn Meter hing die Fahne
mit dem Wort Z I E L.
Er war da.
Frei, er würde frei sein wie sein Vater.
Er würde in den Pazifik reisen.
Vielleicht würde er in einer Floßstadt
Unterschlupf finden.

Fünf Meter bis zum Ende.
Vier, drei zwei.
Der Jäger sprang ihn von hinten an.
Sascha sah das Blitzen des Messers
in der aufgehenden Sonne.

Dann spürte er den Schmerz und er war frei...

(c) Michael Masomi

Gedichte
Poesie individueller Art

Buchstäbliches aus der Schreib-Feder

des
Autoren

Roland Pöllnitz
alias Rajymbek

auf dem Portal myStorys vertreten

Nackte Schwänze

Willst Du einmal deftig scherzen
Lachen auch aus reinstem Herzen
Musst Du mich zu Frühlingszeiten
Auf den Grillstand just begleiten.

Nackte, weiße Schwänze liegen
Bis sie sich vor Hitze biegen
Dicht an dicht wie die Flottille
Auf dem kohleheißen Grille.

Gertenschlank wie die Gazellen
Und mit knusprig-braunen Stellen
Sprühen sie die köstlichst´ Düfte
In die frühlingswarmen Lüfte.

Dem kann keiner widerstehen
Da ist es um ihn geschehen
Zungeschnalzend kommen näher
Schon die allerersten Späher.

Darf ich bitten, meine Damen
Eine Wurst in Gottesnamen
Eine solche gern sie hätten
Abends in den Ehebetten.

Falls sie dann vor Scham erbleichen
Werd´ ich tröstlich Senf draufstreichen
Auf die elegante Länge
Lach zurück ganz ohne Strenge.

Geht den ganzen Tag so weiter
Niemals ernst und Sprüche heiter
Bis die nackten Schwänze alle
Dann schließ ich die Grillwursthalle.

(c) Roland Pöllnitz

Purpurmorgen

Hinter dem bleichen
Streifen am Horizont
schwebt empor der
Purpurmorgen

Nebel räkelt sich
auf den noch
schlafenden Feldern -
leis geht ihr Atem
des Frühlings

Tautränen weint
die Wiese
Krokusblüten
träumen
von der Liebe

(c) Roland Pöllnitz

Mehr als Liebe

Wenn am Tage die
Sterne glitzern
Und um Mitternacht
Die Sonne erglüht
Fliegen unsere Herzen
Zum Planeten der Liebe.

(c) Roland Pöllnitz

Pfirsichblüte

Öffne Dich
Du meine Pfirsichblüte
Verströme Deinen zarten Duft
Offenbare mir Dein rosa Herz.

Verlocke mich
Entfalte Dein Blütenblatt
Zu einem süßen Kuss
Fülle mein einsames Herz.

Berausche mich
Mit Deinem süßen Nektar
Lösche meinen brennenden Durst
Nach Deiner Zärtlichkeit.

Raube mir
Den Atem und die Seele
Stille meinen quälenden Hunger
Nach Deiner Liebe.

(c) Roland Pöllnitz

An Heinrich Heine

Heinrich, Freund und Seelenbruder
Schriebst von Deutschland als ein Luder
Konntest weinen viele Tränen
Sehe Dich in wilden Szenen.

Frankreich, Harz und Loreley
Überall warst Du dabei
Deine Worte wunderbar
Messerscharf und einfach wahr.

Könnt´ ich so vortrefflich reimen
Seligkeit würd´ in mir keimen
Worte, Worte in mir lodern
Wie im Moor die Leichen modern.

Spitz möcht´ ich die Feder schleifen
Möchte scharf das Wort ergreifen
Politik ist für die Reichen
Weil sie sich das Geld einstreichen.
Und sie werden immer reicher
Weil das Volk ihr Fußabstreicher.

Reichtum schützen die Gendarmen
Brot und Spiele für die Armen.

Politik ist taub und blinde
Weit entfernt von dem Gesinde
Volkstheater ohne Sühne
Auf der Parlamentstribüne.

Hasenschlottern, Ärschelecken
Politik verbreitet Schrecken
Dieses wohl ganz still und leise
Heimtückisch auf ihre Weise.

Und das dumme Volk hält stille
Denn das ist der Deutschen Wille
Wählt das Volk sich selbst die Lüge
Politik erhöht Bezüge.

Unten bleibt der kleine Mann
Weil er selber das nicht kann
Denn in ungerechter Welt
Hat er nie genügend Geld.

(c) Roland Pöllnitz

Abenteuer

Lass uns vom alltäglichen Weg abweichen
Durch die Schluchten der Sehnsucht gehn
Vorwärts bis zu den küssenden Teichen
Von ihren Gründen den Himmel ansehn

Träumen wir später im wiesigen Tale
Lauschen den Liedern vom silbernen Bach
Wolkengebilde so sentimentale
Werd´ ich in Deinen Armen gleich schwach.

Zärtlichkeiten erzählen die Winde
Küsse fallen wie Früchte vom Baum
Herzen stech´ ich auf ewig in Rinde
Ist es die Wahrheit oder ein Traum.

In uns lodert ein mächtiges Feuer
Noch immer wird es die Liebe genannt
Leidenschaftlich dies Abenteuer
Lässt Herzen schmelzen, wenn schweigt der Verstand.

(c) Roland Pöllnitz

Umarmung des Himmels

Aus blaugrauen Vorhängen
Nabeln sich feuchte Bindfäden ab
Flüstergrün wie Seidenspinnen durch Eichenlaub.
Auf Pfützen geschriebene Worte
Werden von Enten vorgeschnäbelt
Energiebeladene Wortseelen
Versickern rinnsalhaft auf Grasnarben.
Regenwürmer tanzen Salsa.
Verzückt sehnsüchtige Tropfen
Springen, rollen, tanzen
Feinfühligkeit aus ihren Wasserseelen

Ein Ton, ein Ton
Immer wieder ein Tropfenton
Verrieselnd im Sand und einsickernd
Und aufweinend die Erde -
Nun gestillt ihr Verlangen
Nach der Umarmung des Himmels.

(c) Roland Pöllnitz

Sternenwind

Vom Himmel ein Wind
Ein Hauchzart der Seele
Vom blauen Juwele
Zum Herzlabyrinth

Der Abend so kühl
Von Sehnsucht getragen
Die Sternenwindfragen
Nach großem Gefühl

So dunkel das Licht
Ein lautloses Weinen
Nach Edelgesteinen
Erstarrt zum Gedicht

(c) Roland Pöllnitz

Der Kurgast

Der Kurgast trägt ´nen roten Sack.
Wer weiß, was ist dort drin?
Er trägt den Kleinen huckepack.
Was hat´s für einen Sinn?

Er schleppt sein Ego hin und her,
Sein´ Blutdruck und den Puls,
So dass man find´ im Kurgastheer
Herrn Meier und Herrn Schulz.

Im Trainingsanzug sportlich fit,
Olympia ruft zur Form,
Der Kurgast hat stets Appetit
Zur Mittagszeit enorm.

Der Kurgast seine Krankheit kennt,
Er diagnostiziert;
Er jeden Fachbegriff Dir nennt,
Ist Profi garantiert.

Der Kurgast lernt, was ist gesund,
In Psychotherapie,
Das, was dem Arzt fällt aus dem Mund,
Ist ohne Garantie.

Der Kurgast trägt ´nen roten Sack.
Sieht das nicht dämlich aus?
Es ist der größte Schabernack
Im ganzen Klinikhaus.

(c) Roland Pöllnitz

Der Traum vom Edelweiß

Du hexenschönes Weib
Du Sonnenkönigin
Es liegt Dein nackter Leib
In meinem Kissen drin.

Wild dampfend Deine Haut
Dem duftend´ Braten gleich
Vortrefflich bist´ gebaut
Und doch vorzüglich weich.

Erregung nimmt mich schnell
Und mächtig in Besitz
Die Spannkraft generell
Verstärkt durch Deinen Schlitz.

Du stöhnst in heißer Lust
Nur Blöße Dich umhüllt
Ich atme Deine Brust
Ein Beben in Dir brüllt.

Die Rute rückt zur Scham
Der Honig fließt so heiß
Sei nicht so unduldsam
Mein süßes Edelweiß.

Gleich brech´ ich in Dich ein
So tief mit einem Ruck
Du nimmst vom Glücklichsein
Den allerersten Schluck.

(c) Roland Pöllnitz

Der Rasenmäher-Mann

Werf´ ich den Rasenmäher an
Werd´ ich zum Rasenmäher-Mann
Dann stürm´ ich vorwärts Bahn für Bahn
In meinem Rasenmäherwahn.

Wenn schrill der Rasenmäher brummt
Ein jedes Vögelein verstummt
Wenn ich rasier´ das grüne Fell
Dreht sich das Rasenkarussell.

Mein Rasenmäherbass posaunt
Mit tief gelegtem Motorsound
Es grölt der Rasenmäher-Mann
Sich vorwärts wie ein Hurrikan.

Bald ist der Gartenrasen glatt
Weil Rasenmäher Nimmersatt
Gelenkt vom Rasenmäher-Mann
Zum Rasenende kam alsdann.

(c) Roland Pöllnitz

Feenstimme

Auf einer Bergwiese
Beblüht mit feuerroten Blumen
Betaut mit silberglitzernden Tropfen
Fing ich an zu singen

Da vernahm ich ein zweite
Fremde Stimme
Die mit mir sang

Und ich hielt inne
Doch der Gesang tönte weiter
So lieblich, war kein Echo
Eine Feenstimme
Die mich verzauberte

Ihr Lied hat mein Herz
Zum Schlagen gebracht
Ihre Stimme Unvergesslich
Schöner als jeder Vogelgesang

Von Tag zu Tag
Wächst das Verlangen
Meine Sängerin zu sehen
Aber Tag auf Tag vergeht

Aus Winter wurd´ Frühling
Aus Frühling wird Sommer
Dann werde ich Deinen
Mond aus dem Wasser fischen.

(c) Roland Pöllnitz

Wahn

Die Venus purpurrot
Und feucht wie Honigfluss
Und leise flattert schwarzes
Gras in Atemluft
Von innen her geb´
Ich Dir den Zungenkuss
Und wittre den erregten
Fleischesduft
Du öffnest selbst
Die Stätte der Ekstase
Der harte Schaft trat
In die Höhle ein
Und so begann die
Allerletzte Phase
Es könnte wohl der
Wahn nicht größer sein.

(c) Roland Pöllnitz

Gedichte
Poesie individueller Art

Buchstäbliches aus der Schreib-Feder

der
Autorin

Martina Schiereck

alias maata

auf dem Portal myStorys vertreten

Entdeckungsreise

Sanft, ganz sanft,
wie eine Sommerbrise,
ganz zart eine Hand
streicht über die blühende Wiese.

Wandert über Berg und Tal,
lässt Gefühle wie Blumen erblühen.
Wie ein warmer Sonnenstrahl
lässt sie die Haut erglühen.

Verschmelzen mit dem Licht,
aus Tag wird Nacht,
liegen zusammen dicht an dicht,
ganz neue Empfindungen entfacht.

Aus dunkel wird wieder hell,
ein neuer Tag bricht an,
komm wieder her, schnell,
mein hübscher Mann.

(c) Martina Schiereck

Schweigen

Schweigen ist Gold
Reden ist Silber.
Der Stein rollt
zerstört die Bilder.

Hätte man geschwiegen
bloß nichts gesagt.
Die Worte sieben
nie laut gedacht.

Man weiß es jetzt
redet nicht mehr.
In Gedanken gesetzt
nur hören, die Antwort leer.

(c) Martina Schiereck

Schönster Tag im Leben

Immer wieder denke ich an diesen Tag
wenn wir Hand in Hand voreinander stehen.
Wie wunderschön er wohl werden mag,
wenn wir uns tief in die Augen sehen?

Und uns ewige Treue schwören,
mit Gottes Segen?
Werde für Dich da sein, zuhören,
nehmen und geben.

Habe viele Schmetterlinge im Bauch
und bin die glücklichste Frau der Welt.
Ich freue mich schon so lange darauf.
Diese Verbindung für immer hält

(c) Martina Schiereck

Ausgeliefert

Weiche Schlingen an beiden Armen,
mit einem Tuch die Augen verbunden,
spüre ich Deinen Körper, den warmen,
Deine Hände, die mich zärtlich erkunden.

Fühle mich so hilflos,
bin dennoch freudig erregt.
Fühle mich so schwerelos,
während mein Körper erbebt.

Sollst mich weiter so verführen,
und öffnen neue Türen.
Hör´ nicht auf mich zu berühren,
will Dich ganz tief in mir spüren.

Bin ganz oben angekommen,
dies noch nicht genug,
treibst Du mich, noch ganz benommen,
zum nächsten Höhenflug.

(c) Martina Schiereck

Träumerei

Deine Finger erforschen mich,
streicheln zart,
feine Härchen sträuben sich.

Genießen das Abenteuer,
wandern tiefer,
meine Haut wie Feuer.

Streichle auch Dich,
Dein Körper,
unter meinem windet sich.

Gefühle wie schweben,
sind eins,
unsere Körper beben.

Werde langsam wach,
Gedanken,
machen mich schwach.

(c) Martina Schiereck

Verzaubert

Tosendes Meer,
langsam darin ertrinke.
Leicht und leer,
immer weiter sinke.

So fühle ich
in Deiner Näh´,
erröte ich,
neben mir steh´!

Schmetterlinge im Bauch,
flattern wild umher.
Wache auf!
Augen öffnen schwer.

(c) Martina Schiereck

Besuch aus Rotenburg

Mein Dämon erneut geboren,
ist zickig und unausstehlich.
Den Kampf hab´ ich wohl verloren,
muss mich fügen, unausweichlich.

Wer mir kommt unter die Augen,
wird von dem Monster gefressen.
Was? Ihr wollt mir dies nicht glauben?
Doch wirklich, ich bin besessen.

Jeden Monat das gleiche Spiel.
Zeige ich mein zweites Gesicht,
mein ganzes Umfeld bekommt zu viel.
Dann verschwindet er wieder, der Wicht.

(c) Martina Schiereck

Vertraute

Verbunden durch ein sanftes Band
egal in welchem Land,
ich gerade steh´.
Ich spüre Deine Näh´!

So bist Du mir immer nah,
sofort für mich da,
brauchst Du nichts fragen.
Und ich auch nichts sagen!

Diese enge Verbindung
sie ist keine Erfindung,
Sandra meine Süße.
Schwesterliche Grüße!

...für meine kleine Schwester!

(c) Martina Schiereck

Seoul

eine Kurzgeschichte

des
Autoren

Daniel Schöppe

alias Dany

auf dem Portal myStorys vertreten

shortstory
Seoul ...für Johanna

Die Signalanlage des parkenden Krankenwagens, zauberte Lichtspiele auf Krangs Gesicht.
- Makellose Haut unter den einfärbenden Strahlen – dann Schatten, dann wieder hell.

Die Anlage drehte und drehte sich, bevor der Wagen zurücksetzte, einlenkte und mit durchbohrenden Geräuschen, unaufhaltsam seinen Weg nahm. Sein Profil grub sich tief in den Asphalt und hinterließ zwei lodernde Bahnen. Bald hatte er sich ihrem Radius endgültig entzogen – in mehrerlei Hinsicht.

Dieses metallene Monster, hatte ihren Mann geschluckt und nun lag er im Magen dieses Etwas.
Die Schnur durch welche sie mit ihm verbunden war riss... in diesem Augenblick.

Choi hatte ihr aufgetragen ihn nicht zu besuchen, falls es einmal soweit kommen sollte. Nun war es soweit und es war schneller passiert als sie dachten. Sie las eine kaum angerauchte Zigarette vom Boden auf und tat ein paar Züge daran. Die erste Zigarette in ihrem Leben.

Wieder hinauf gehen wollte sie nicht – dahin, wo sie so lange gemeinsam gelebt hatten. Sie würde nur weinen und weinen und weinen und es würde kein Ende nehmen.

Sie würde warten bis sie müde genug wäre - dann erst heimkommen - sich bis zum Bett durchtasten - und möglichst schnell einschlafen – darauf hoffte sie zumindest.

Seoul. Einsam.

Krang fragte sich, wie so viele Menschen auf einem Fleck, so abgeschnitten voneinander sein konnten. Sie nahm sich vor, irgendjemanden aus diesem enormen Fleischklumpen herauszuzerren und ihn / sie von seiner / ihrer (- und ihrer eigenen – gerade einsetzenden) Isolation zu befreien. Ihre Füße wanderten den Bordstein hinunter – blieben am Straßenrand stehen – drehten sich auf dem Absatz.

Durch die Schuhe hindurch, spürte sie wie ihre Zehen leicht den Rinnstein berührten. Nur ganz knapp neben dem Gehsteig standen sie, trotzdem hupten die vorbeifahrenden Wagen – seltsam, ist doch nur ein Schritt.

Dann streckte sie die Hände aus, doch niemand schien davon Notiz nehmen zu wollen. Sie streckte die Arme weiter, wodurch sie sich begannen wie Bubblegum-Fasern zu ziehen. Die Härchen auf ihnen richteten sich auf und einige von ihnen schienen zu zucken - und von ihrem Körper weg wachsen zu wollen. Ihre Muttermale formten sich elliptisch und auch die grün-blauen Äderchen wurden immer schlanker. Trotzdem erreichte sie niemanden, denn was ihr erst jetzt auffiel war, dass der Rest ihres Körpers, sich in ebengleichen Abständen entfernte.

Krang wurde schwindelig. Sie schüttelte den Schädel. Anschließend waren die Arme wieder da, wo sie hingehörten und sie war es ebenso. Ihr Körper fühlte sich an, wie eine Maschine. Die Wut kochte in ihren Eingeweiden und ihr Herz hämmerte wie ein übermütig - aber perfekt arbeitender Motor. –

WARUM SEHEN DIE MICH NICHT? - fragte sie sich still.
Mit einem Mal, schossen ihr die Namen sämtlicher Personen durchs Hirn, mit denen sie schon immer hatte abrechnen wollen. Und ihr fiel auf, dass es kaum ein Ventil für Rachsucht zu geben schien, das heißt wenn du nicht gerade hinter Gittern enden wolltest – und das wollte sie

ganz sicher nicht. Entweder Blut für Blut oder du frisst es in dich hinein, solange bis du einen großen, schwarzen Klumpen in dir trägst – wer weiß was aus ihm wird.

Hätte sie in diesem Augenblick eine Waffe gehabt, sie hätte sich gerächt, wenn auch nur latent. Das waren sowieso alles Leute, die nichts aneinander fanden - und es ganz offensichtlich auch nicht wollten. Niemand würde sie vermissen. Dann überlegte sie sich, wie es wohl wäre, einfach zu schreien – traute sich aber nicht und schämte sich dafür.

Krang beschloss, die Straße lieber wieder zu verlassen. Sie wusste nicht, was mit ihr geschah. Was, wenn sie zusammenbrechen würde? - *Muss wohl so eine Art Trauma sein* - dachte sie, doch es war nicht so, als wenn sie das sonderlich überrascht oder beunruhigt hätte.

Sie fuhr Bahn – einfach nur so, von einer Station zur nächsten. Sie stieg irgendwo aus und spazierte ein Stück – ging in Geschäfte und Bars. In den darauf folgenden Wochen tat sie nichts anderes, doch keine Aufhellung fand statt. Sie wartete auf etwas Seltsames.

Wenn sie beispielsweise an einem massiven Gebäude vorbeiging, blieb sie für einen Moment stehen und fixierte es mit ihrem Blick. Krang wünschte sich so sehr, dass die Tentakel aus den Fenstern klettern - und nach ihr greifen würden. Um die Fangarme, von denen sie schon seit längerem träumte, rankten mittlerweile auch Schlingpflanzen, wie sie sie noch nie zuvor in ihrem Leben gesehen hatte. Sie ähnelten den Blutgefäßen ihres Armes und sahen so wunderschön hypnotisch aus, dass ihr zusammengekniffener Blick wieder schwand und sie große Augen machen musste, wenn sie sie sah.

Doch sie kamen nie wirklich. Nichts wollte sich um sie schlingen oder an ihr festsaugen - an ihr kleben - mit ihr kleben - in sie eindringen - auf sie fallen - ihr die Beine wegreißen - sie bei der Hand nehmen - berühren.

Inzwischen war es nicht mehr erforderlich, den alten zu quittierten - und somit suchte sie sich direkt eine neue Anstellung in einem Restaurant. Ihre Hände bewegten sich flink - und schossen durch die Küche, von der einen in die andere Nische. Sie hackten Gemüse, Fleisch und Fisch, formten Teigtaschen und bereiteten Saucen, warfen Nudeln in heißes Wasser, betätigten Abzugshauben.

Krang beobachtete zufriedenen Gäste und die muntere, gesunde Farbe in ihren Gesichtern. Von hier aus konnte sie sehen, was ihr aus anderen Perspektiven fehlte. Die Leute erschienen ihr glücklich – zumindest zufrieden, doch sie scherten sich nur um sich selbst... und trotzdem brauchte sie sie. Vielleicht war es aber auch nur ein fauler Kompromiss, so sicher war sie sich da noch nicht. Sie stand einfach da und spielte mit – tat so, als wär' alles vergessen und die Leute lächelten sie an. Nicht, wie noch vor einer Woche, da haben sie sie nicht angesehen und sind ihren Blicken ausgewichen.

Als die Menschenmassen sich Krang entgegendrückten, trieben sie ihr automatisch Tränen in die Augen. Sie musste sich weder krümmen noch schluchzen, sie liefen einfach so von Gesicht auf Hals und saugten sich in den Saum ihres Oberteils. Sie kam sich wie eine Art Fehler vor.

- Wenn Du in Gesellschaft weinst, halten die Leute Dich für irrsinnig - denken Du bist auf Entzug oder ähnliches, es scheint irgendwie anormal zu sein - meinte sie.
Wahrscheinlich hätte es Mühe, Aufwand und gegebenfalls Ausdauer- und Anpassungsvermögen gekostet und deswegen sprachen sie nicht mit ihr. Niemand traute sich an sie

heran, weil es mehr als eindeutig mit Verantwortung verbunden gewesen wäre. Jemanden, der kummerlos oder zumindest neutral ist, kannst du bedenkenlos kennenlernen und dann unglücklich machen, doch der umgekehrte Fall, scheint wohl nur selten einzutreten. Und auch bei ihr tat er es nicht und das würde sie nie vergeben können.

Die Backfische bekamen immer einen Extraaufschlag, damit sie gediehen und auch sie selber, verzehrte mehr denn je. Ihre Hülle wurde wärmer. Krang fühlte sich gepanzert wie nie zuvor. Sie hatte sich dafür entschieden – oder unterworfen.

Sie spürte kein sonderliches Verlangen, irgendetwas wurde in den vergangenen Wochen aus ihr herausgerissen, doch irgendetwas anderes zwang das Leben in sie hinein.

Unvorteilhafterweise hatte sie nicht
den blassesten Schimmer, was es sein könnte...

(c) Daniel Schöppe

Michel, Kroko und die Ollen-Wollen

eine Kurzgeschichte

der
Autorin

Melanie Sickler

alias Melanie

auf dem Portal myStorys vertreten

shortstory
Michel, Kroko und die Ollen-Wollen

Wenn Michel schlafen geht, nimmt er jeden Abend sein Krokodil mit ins Bett. Michel hat ein riesiges Krokodil, es ist so groß, wie sein Kopfkissen und hat ein schrecklich langes Maul, mit vielen scharfen Zähnen.

Sein Krokodil, welches auf den einfachen Namen "Kroko" hört, legt er immer unter seinen Kopf. So kann das "Kroko" nicht weglaufen und passt, wenn es dunkel wird, auf ihn auf.

„Das Kroko beißt die, die mich in der Nacht ärgern wollen", hat der Michel zu seiner Mama gesagt, bevor sie ihm einen Gute-Nacht-Kuss gegeben hat.

„Aber wer will Dich denn in der Nacht ärgern?",
hatte die Mama den Michel erstaunt gefragt.

Darauf hat der Michel aber keine Antwort geben wollen.

Als der Michel eines Abends wieder eingeschlafen war, spürte er etwas Nasses an seiner Nase. Erschrocken wachte er auf und starrte in große, gelbe Augen. Die Pupillen darin waren nicht rund, sondern senkrecht geschlitzt, wie bei einem Krokodil.
Und das war es auch! Es war Kroko!

„Michel, wach auf! Sie sind wieder da!",
flüsterte es aufgeregt in Michels Ohr.

„Wer ist wieder da? Etwa die Ollen-Wollen?"
Fragend stand Michel auf und sah sich im Zimmer um. Tatsächlich! Da waren sie wieder!

Die kleinen Kerle, nicht größer als ein Zahnstocher, wanderten gerade seine Vorhänge hoch und versuchten Tarzan zu spielen. In jedem Eck, sah er einen von ihnen herum flitzen.

Woher die wohl kamen?

Michel wusste es genau! Er blickte auf sein großes Poster, welches über seinem Schreibtisch hing. Normalerweise saßen sie in den Bäumen des Zauberwaldes.
Jetzt waren die Bäume leer.

Da kamen sie nämlich her, die Ollen-Wollen.
Sind einfach rausgekrabbelt.

Immer wenn der größte Stern am Himmel verschlafen und sein Licht nicht angemacht hatte, wurden sie lebendig und turnten durch Michels Zimmer.

Gerade schwang einer, mit roten Haaren, an Michels Deckenlampe hin und her. Der Unverschämteste von den Kleinen, begann in seiner Socke, Sackhüpfen zu spielen. Als seine Freunde das sahen, räumten sie schnurstracks seine Sockenkiste aus und veranstalteten einen riesigen Wettbewerb. Viele von ihnen purzelten um und fielen übereinander.

In Michels Zimmer ging es drunter und drüber. Überall brach das Chaos aus. Die Ollen-Wollen, warfen seine Kleider aus dem Schrank, sein Spielzeug aus den Regalen und begannen nun sogar auf Krokos Rücken zu klettern, welches sich schützend vor Michels Bett gestellt hatte.

Doch Kroko fauchte und scheuchte viele der Ollen-Wollen mit seinem Schwanz davon. Es schlug ihn nach rechts und links. Wieder nach rechts und noch einmal nach links. Viele der Ollen-Wollen ergriffen die Flucht. Doch schnell widmeten sie sich wieder einem anderen Unfug in Michels Zimmer.

Plötzlich sah Michel, wie zwei der Ollen-Wollen in sein Modellflugzeug stiegen und ein Dritter am Propeller drehte. „Brumbrum - brumbrum!", riefen sie im Takt.
Von hinten schob ein Vierter das Flugzeug vom Regal und mit einem lauten Knall, stürzte es auf den Teppich. Die Ollen-Wollen fanden das lustig und klopften sich auf die kleinen Schenkel vor Lachen.
Doch das Flugzeug von Michel war hinüber.
Der linke Flügel war abgebrochen.

„Hört auf damit!", schrie Michel, der nun langsam böse wurde. Die Ollen-Wollen erstarrten und sahen Michel sprachlos an.

Doch dann begannen sie wieder zu lachen und verwüsteten mit dem gleichen Eifer wie zuvor, sein ganzes Zimmer. Sie fanden immer wieder Ecken, in denen sie noch keine Spuren hinterlassen hatten.

Michel begann leise zu weinen. Heiße Tränen rollten über seine geröteten Wangen.
Das Kroko versuchte Michel zu trösten und überlegte, wie es Michel helfen konnte. Da hatte er eine Idee.

Er schlich zum Lichtschalter und knipste die Deckenlampe an, die die Ollen-Wollen davor als Flugschiff benutzt hatten. Als es im Zimmer hell wurde, erschraken die Ollen-Wollen, denn sie mochten helles Licht nicht. Mitten in ihren Bewegungen erstarrten sie langsam und rührten sich nicht mehr. Als das Kroko das sah, machte es das Fenster weit auf und brüllte fürchterlich laut in die Nacht hinaus. Sein Brüllen drang bis in den Himmel. Es hallte zwischen den Wolken hindurch und kam viel, viel lauter, bei den Sternen an.

Der Stern, der vergessen hatte sein Licht anzuknipsen, wachte erschrocken auf. Er schämte sich sehr und leuchtete viel heller als jemals zuvor.

Als der Stern sah, welches Chaos wegen ihm in Michels Zimmer ausgebrochen war, versprach er, nie wieder sein Leuchten zu vergessen.

„Wenn ich so einen Freund wie Dich habe,
muss ich mich in der Nacht nicht mehr fürchten, Kroko".
Michel drückte Kroko fest an sich und schlief glücklich und sicher ein.

Seit dieser Nacht waren die Ollen-Wollen nie wieder in Michels Zimmer.

(c) Melanie Sickler

Gedichte
Poesie individueller Art

des
Autoren

Roland Spewak
alias Hausmann

auf dem Portal myStorys vertreten

Der Atem Gottes

Liebst Du auch des Schöpfers Atem,
wenn sanft er durch die Felder streicht.
Frieden folgt in seinen Schatten,
die er Dir voller Liebe reicht.

Seine Wege fließen durch den Hain,
und strömen in des Menschen Herz.
Du fühlst, hier bist Du nicht allein,
bist geborgen vor dem Weltenschmerz.

Gottes Lob schwebt durch die Lüfte,
ein kleiner Spatz trägt es zu Dir.
Die Rose schenkt Dir seine Düfte,
In den Wipfeln rauscht es: „Ich bin hier."

Aus der Erde sprießen Gaben,
zum Wohle für Dein irdisch Leben.
An seinem Wort lässt er Dich laben,
dem Geist die Reife er kann geben.

Öffne die Seele um zu sehen,
für uns hat er die Welt erweckt.
Nur gibt er dringlich zu verstehen,
für alle ist der Tisch gedeckt.

(c) Roland Spewak

Berlin - ick liebe Dir

Ick war noch jung und unerfahren,
als Du mich riefst in Deine Mauerwerke.
In den verjangnen dreißig Jahren,
bewunderte ick Deine Stärke.

Am Kudamm ick sehr jern flanierte,
und manchmal an de Krummen Lanke,
Dein Charme mich jeden Tag verführte,
Ick sag´ Dir heute dafür Danke.

Det Brandenburjer Tor war dichte,
Am Müggelsee lagen Jenossen,
Du warst een Spielball der Jeschichte,
In Deinem Herzen wurd´ jeschossen.

Bei de Preußen warst de Jroße.
den Braunen haste widersprochen.
Den Roten spuckste auf de Hose.
Dem Jeld biste in Arsch jekrochen.

Bei Dir, da war ick eenmal oben,
Ick hab jepennt in der Allee.
Ick werd Dir immer wieder loben,
och wenn ick Dir nur selten seh.

Heut leb ick an der Nordseeküste,
det halbe Herze ist nur hier.
Det andre ruht an Deiner Büste
Du mein Berlin, ick liebe Dir.

(c) Roland Spewak

Abschied

-mein erstes Gedicht-

Abschied ist auch ein kleiner Tod,
zum Sterben legt sich hin der Tag.
Die Luft getränkt in Abendrot,
ich frag was alles kommen mag.

Der Abschied wächst zum Neubeginn,
ich bin zum Sterben nicht bereit.
Mein Dasein hat jetzt einen Sinn.
Das Leben fließt in meine Zeit.

Zum Leben hab ich frische Kraft,
Ich geh jetzt meinen neuen Weg.
Es liegt allein in meiner Macht,
das Licht und Wahrheit mit mir geht.

(c) Roland Spewak

Ticket to Heaven

Noch einmal möchte sie es spüren.
Wildes Gold wird in den Venen strömen.
Die Seele musste es berühren,
voll Lust ihr Körper sollte stöhnen.

Sie setzt es an und will es wagen.
Der gelbe Saft fängt an zu sieden,

Er soll sie in die Höhe tragen,
Dort wartet auf sie Schlaf und Frieden.

Dies Gift sie in die Sphären trägt,
Sekunden nur, gleich ist es soweit.
als wenn sie in die Höhe schwebt,
unter ihr liegt die Unendlichkeit.

Dort unten ist es wohlig warm,
Der Himmel hier, er wirkt so kühl.
Sie steht am Rand und hebt den Arm,
Der Atem bebt, die Luft wird schwül.

Der Leib getaucht ins Feuermeer.
Im Herz liegt Blei, ihr Blick wird alt.
Es eilt herbei das Todesheer,
Als sie traf auf den Asphalt.

(c) Roland Spewak

König der Nacht

Du gehst so bleich am Firmament
Der Tag an Deinen Kräften zehrt
Kaum einer der Dich König nennt
Kein Stern Dir seine Huld gewährt.

Ein Hauch aus Samt schwebt auf der Welt
Gesponnen von der blauen Nacht
Steigst langsam auf ins Himmelszelt
Blutrot erhebt sich Deine Macht.

Dein Silber streust Du auf das Feld
In Deinem Licht erstrahlt der Hain
Auch wenn Dein Glanz die Welt erhellt
Auf Deinem Weg bist Du allein.

Erhebst Dich selbst auf Deinen Thron
Als Herrscher blickst Du auf das Land
Und doch bleibst Du der Erde Sohn
Auf ewig ist Dein Lauf gebannt.

Am Morgen hast Du keine Wahl
Die Sonne Deine Macht verglüht
Du wanderst durch ein dunkles Tal
Bis eine neue Nacht erblüht.

(c) Roland Spewak

Alarm im Kinderzimmer

Der Tag ist Grau, die Wolken fliehen,
Der Regen hämmert an die Scheiben.
Die Mädchen mit den Puppen spielen,
Sie möchten nur im Zimmer bleiben.

Urplötzlich tönt dort Kriegsgeschrei,
Die Große brüllt die Kleine weint.
Mit meiner Ruhe ist`s vorbei,
Doch nichts ist so, wie es hier scheint.

Schreit die Lütte zu der Ricke,
zwischen Barbies Kinderwagen.
Du bist eine blöde Zicke,
muss ich Dir doch einmal sagen.

Brüllt die Ricke zu der Lütte,
bist ein Baby viel zu blöde.
Spiel doch in der Hundehütte,
Deine Art ist mir zu öde.

Angst ergreift mein armes Vaterherz,
ich laufe panisch durch den Flur.
Was schreit ihr da, frage ich voll Schmerz,
Wir machen nichts, wir spielen nur.

(c) Roland Spewak

Sommerfriede

Leise rauschen grüne Blätterwellen
Und brechen an des Herzens Strand
Spatzen spielen auf den Windesschnellen
Amseln wärmen sich im Sonnensand.

Die Sonne zaubert Silber auf die Wipfel
Libellen schwimmen auf der Sommergischt
Ein weißer Adler wacht am Himmelsgipfel
Ein Wellenschlag das Abendgold erlischt.

Die Nacht webt dunkelblaue Stille
Und schmückt dies Tuch mit weißem Diamant
Darüber legt sich Gottes Wille
Friede gleitet schützend übers Land.

(c) Roland Spewak

Der Kapitän – Die Uhr

zwei Kurzgeschichten

und
Gedichte individueller Art

des
Autoren

Sascha Tautz

alias Mondnebel

auf dem Portal myStorys vertreten

shortstory
Der Kapitän

Der Seemann verdiente in seinen jungen Jahren als Fischer sein Geld. Er fuhr gern zur See. Auch, weil er eine gute Mannschaft an Bord hatte. Der Kapitän konnte sich immer auf seine Mannschaft verlassen, da sie ihm mit Respekt und Bewunderung begegnete. Denn er lenkte sein Schiff immer sicher durch Stürme und gefährliche Brandung.

Die Mannschaft war stark von Kraft gestählt und etwa im gleichem Alter wie der Kapitän. So fuhren sie Tag für Tag und Jahr für Jahr und viele Fische zappelten in ihren Netzen. Doch eines Tages kam der Tod und nahm den Steuermann, den besten Freund des Kapitäns. Doch so ist der Lauf des Lebens und der Kapitän fuhr weiter zur See, ohne lange zu trauern. Er fuhr weiter mit seiner Mannschaft, ohne den Steuermann zu ersetzen.

Nach und nach, starb auch der Rest der Mannschaft und der Kapitän ersetzte keinen von ihnen. So zogen die Jahre in das Land und die Mannschaft wurde kleiner und kleiner, bis keiner mehr da war.

Der Kapitän wurde alt, doch fuhr er immer noch zur See. Allein. Er meisterte immer noch jeden Sturm und die gefährliche Brandung.

Und manchmal, bei klarem Firmament, blickte er wehmütig zu den Sternen und wünschte sich nichts sehnlicher, als bei seiner Mannschaft zu sein.

(c) Sascha Tautz

shortstory
Die Uhr

Der Mann war eitel und immer gut gekleidet. Er war erfolgreich und egoistisch, sein schon ergrautes Haar ließ ihn unfreundlich wirken, was er meist auch war, zu seinen Mitmenschen und Kollegen. Meistens trug er Anzüge, auch in seinen eigenen vier Wänden. Am meisten hasste er Unpünktlichkeit, darum stand der Mann auch sehr früh auf und war meist der erste auf der Arbeit. Sein Wecker klingelte immer vor Sonnenaufgang und er hatte in seinem Schlafzimmer noch eine zusätzliche Uhr. Überhaupt befand sich in jedem Raum des Hauses eine Uhr. Dazu besaß er noch eine Taschenuhr, ein Erbstück seines Vaters.

Eines Tages jedoch, als sein Wecker klingelte und er sich für die Arbeit fertig machte, sah er zufällig auf die Taschenuhr und musste feststellen, dass sie stehen geblieben war. Diese Tatsache ärgerte den Mann sehr, da er unbedingt eine Ersatzuhr brauchte, um seinen Drang nach Pünktlichkeit zu befriedigen. Also musste er seine Mittagspause opfern, was ihn noch mehr ärgerte, denn sie war nicht besonders lang. So arbeitete er den ganzen Vormittag mit grimmiger Miene und war sehr unfreundlich zu den Kunden. Dann war es 12.00 Uhr und der Mann hatte Mittagspause.

Er stürzte förmlich aus der Hintertür seines Arbeitsplatzes zu seinem Wagen. Er raste in die Stadt und kam nach zehn Minuten Fahrt, in der Fußgängerzone an. Er stieg aus, schloss das Auto ab und schlängelte sich durch die Fußgängerzone, zu einem Uhrmacher. Endlich hatte er mal ein bisschen Glück, denn der Laden war leer und der Chef persönlich stand hinter dem Tresen. Ohne ein Wort der Begrüßung, fing der Mann zu lamentieren an: „Ich brauche

schnell eine neue Taschenuhr, meine ist stehen geblieben. Schnell, ich muss wieder zurück zur Arbeit.
Meine alte Taschenuhr lasse ich zur Reparatur hier!"
Der Mann hinter dem Tresen lächelte freundlich und ließ einige Sekunden verstreichen, ehe er antwortete:
„Hallo erstmal und willkommen.
Mein Name ist Uflis, Hermann Uflis. Nun zeigen Sie mir erstmal ihre Uhr, vielleicht müssen wir nur neue Batterien einsetzen. Das dauert auch nicht lange".

Widerwillig und nervös nickte der Mann und händigte Herrn Uflis seine Taschenuhr aus. Der ging durch eine Tür in ein Hinterzimmer. Es dauerte wirklich nicht lange, bis der Uhrmacher wieder auftauchte:
„Nun, die Uhr ist wirklich kaputt, aber ich habe hier einen Wecker und eine neue Taschenuhr, mit dem Gegenwert Ihrer alten, die irreparabel ist".
Da sagte der alte Mann: „Oh, geben Sie mir schon
die Taschenuhr, ich muss wieder zur Arbeit".

„Jetzt warten Sie doch mal", beschwichtigte Herr Uflis den Mann, „lassen Sie mich noch etwas sagen. Die Taschenuhr geht falsch und zwar zwei Sekunden nach. Der Wecker geht richtig, allerdings läuft die Zeit dort rückwärts".
Der Mann überlegte nicht lange, nahm den Wecker und verließ das Geschäft. Der Wecker ging schließlich richtig, zwar entgegen dem Uhrzeigersinn, aber richtig.
„Dann muss man die Uhr nur anders herum lesen", dachte sich der Mann und kam pünktlich und besser gelaunt an seinem Arbeitsplatz an.

Der Tag ging zu Ende und der Mann fühlte sich zum ersten Mal seit langer Zeit, nicht mehr verbraucht. Und so vergingen immer mehr Tage und auch sein Äußeres veränderte sich von Tag zu Tag. Die Falten verschwanden und das graue Haar wurde voller und erlangte seine ursprüngliche, braune Farbe zurück. Der Mann verhielt sich immer freundlicher und schien jeden Tag jünger zu werden.

Nachdem er scheinbar, innerhalb weniger Tage, um zehn Jahre jünger geworden war, suchte er erneut den Uhrmacher auf:
„Hallo Herr Uflis, haben Sie kurz Zeit?"
Herr Uflis lächelte genau so freundlich, wie bei ihrem ersten Treffen, diesmal aber auch wissentlich, über das Kommen des Mannes: „Was kann ich für Sie tun?"
Der Mann erklärte: „Seit ich diese Uhr besitze, die Sie mir im Tausch für meine Taschenuhr gaben, scheine ich jünger zu werden.
Deswegen möchte ich Ihnen diese Uhr zurückgeben".
Doch Herr Uflis antwortete: „Na, ich will sie nicht zurück. Es ist doch schön, nicht mehr zu altern. Sie werden bald ein Jugendlicher, bald ein Kind sein und sich erinnern".
Der Mann wusste, was der Uhrenmacher meinte und verschwand.

Der Mann fuhr in einen Park, den er früher oft besucht hatte, setzte sich auf eine Bank und stellte den Wecker neben sich auf den Boden. Er dachte lange nach über die Worte des Uhrmachers, dass man den Gang der Dinge nicht aufhalten kann, auch wenn die Uhr zerstört würde, sein Leben, sein Benehmen und Verhalten.

Irgendwann, die Sonne ging schon unter, stand er auf, trat die Uhr dennoch kaputt und fuhr nach Hause.

Er wollte nicht zusehen, wie seine Zeit ablief...

(c) Sascha Tautz

Der Träumer

Zart schimmert die Morgensonne
Auf dem kleinen See
In extatischer Wonne reifen die Knospen
Unter dem blauem Himmel geschwind
In sich Liebende erwachen
In einlullend schwindender Zweisamkeit
Doch nur der Träumende wacht über das Paradies
Unter der Haut der schwindenden Tage
Unter einer purpur untergehenden Sonne
Ertönt der traurigen Glocken letztes Spiel
Der graue Mantel bringt die alles bekehrende Nacht
Doch nur der Träumer
Erspäht das Wirken des Mondes
Heimlich werden die Liebenden
Mit ängstlicher Wonne umnachtet
Doch nur der Träumer ihnen sein Schutzschild lieh
Doch wandeln sich die Gestirne
Und das Geliehene wird zur erdrückenden Last
Ein letztes Mal durchhallen
Die Stimmen der Liebenden das Paradies
Bevor sie die alles verschlingende
Dunkelheit entzweit
Doch nur der Träumer sieht in der Dunkelheit
Scharlachrot durchbricht der Mond das dunkle Nichts
In ihm tummeln sich zwei Seelen
In einlullend extatischer Wonne erfüllt sich der Akt
Der Zweisamkeit
Denn nur die Träumenden
Können aus der Dunkelheit fliehen

(c) Sascha Tautz

Weltenbrand

Die Musik dringt von weit her
Ich erkenn´ all dies nicht mehr
Es knistert laut und bricht so weit
Es klaubt die Splitter toter Zeit

Hörst Du die Fragen, die niemand stellt
Zählst Du die Stunden dieser Welt
Bleibt hinter dem Spiegel nur versteckt
Die Zärtlichkeit, die Dein Herz erweckt

Hinter der Kulisse grobes Geäst
Bleibt das Leben nur ein rauer Test
Und in den Schatten oft gewohnt
Doch niemals mit Freiheit ward belohnt

Die Welt brennt von Menschenhand
Träume liegen brach dort in dem Sand
Zitternd fleht ein Kind zum Himmelszelt
Fleht, dass der letzte Vorhang noch nicht fällt

Geschichten werden jetzt nicht mehr erzählt
Von stillen Gedanken wird die Welt gequält
Mit einem Wunsch die Uhr zurück gedreht
Der letzte Funke ist schon fast verweht

Wir waren viel zu lang an diesem Ort
Gewannen Rekord um Rekord
Doch die Welt ist schon lang verbraucht
Nur der Optimist noch nach einer Lösung taucht

Aus der Dürre müssen wir nun flieh´n
Über uns die Wolken in Trauer zieh´n
Viele Visionen wurden gemacht
Doch auch Feuer leuchtet nur in der Nacht

Die Trümmer brechen im Rad der Zeit
Überall weint Vergangenheit
Viele Lügen wurden erzählt
Und nur Elite ausgewählt

Tausend Welten wurden versteckt
Wurden nur für das Große geweckt
Der Spiegel wirft einen Blick zurück
Doch alles bleibt verschleiert - nur ein kleines Stück

Es war nur der Augenblick
Dann kommt die Erinnerung zurück
Dann bricht die Traurigkeit
Dann zerbricht der letzte Splitter der Zeit

(c) Sascha Tautz

Zu den Sternen

Einen Moment lang sah ich Licht
In den Schatten dieser Erde
Ich war erfüllt von großer Wonne
Von dem Anblick dieser Sterne

Ich will streben in die Weiten
In das Licht und in die Wärme
Mein Verlangen wird mich leiten
In die weite Ferne

In meinen Träumen steig´ ich auf
Und fliege hoch über allen Wolken
Die Sterne begleiten meine Sinne
In Gnade sie mir grollten

So tanze ich mit den Kometen
Durch Zeit und die Gestirne
Ich werde hüllenlos und frei sein
Bis ich mich im All verliere

(c) Sascha Tautz

Duell (inspiriert von Schillers Wilhelm Tell)

Mich geblendet hast Du
Für den Frevel welcher Lohn
Ich war am Bangen
Bei der Verheerung blanker Hohn
Der Schlag der Tyrannei
Ziemen sich die Augen

So lustvoll, gänzlich frei
Um mein Land mir bald zu rauben

Doch hast Du geglaubt
Ich würd´ mich nicht erwehren
So naiv der Scherge
Will Dich eines Bess´ren belehren

So wart´ ab im Zwielicht
Wenn der graue Vorhang dann ersteigt
Und die Sonne sich dort bricht
Bis der Galgen sich uns neigt

Gar ungebrochen
Ist das Streben nach dem Sieg
Bis ich Dein Leben hab´ erstochen
Entfacht der Stolz den Freiheitskrieg

Mit dem ersten Glockenschlag
Kreuzt sich Schwert mit Schwert
Blut wird vergossen an dem Tag
Hass den Boden für den Kampfe nährt

In der elften Stund´ am Tage
Ist Fleisch klaffend und getrennt
Gegangen ist die Plage
Der Scherge nun am Galgen brennt

Mit Blut benetzt die Klinge
Vergangen ist die Tyrannei
Wohl gedenkt ihm bei seinem Ende
Das Land ist wieder frei

Das Volke jubelt von Herzen

Aus der Knechtschaft jetzt befreit
Beliebt es nun zu scherzen
Ist hold freiem Geleit

(c) Sascha Tautz

Memento Mori

Siehst Du das Licht?
Siehst Du die Sterne?
Hörst Du wie Leben bricht?
Hörst Du das Knacken in der Ferne?

Gnadenlos läuft sie befristet
Noch niemand hat sie überlistet
Die Gezeiten folgen blick und starr
Nichts bleibt wie es mal war

Dort wo Leben ist, dort ist auch Tod
Die Zeit war nie ein Rettungsboot
Alles vergeht mal irgendwann
Der Kreislauf fängt von vorne an

Das ist die Natur des Lebenslauf
Deine Geschichte hört auch mal auf
Als Irrlicht weist Du einen Weg
Bis die Seele sich erhebt

Geburt war mal Anfang
Das Leben danach schien ziemlich lang
Der Tod ist das Ende
Fasse den Staub in Deine Hände

(c) Sascha Tautz

Böse Onkels –
Kein feiner Pinkel

zwei Kurzgeschichten

und
Gedichte individueller Art

des
Autoren

Norbert van Tiggelen
alias Phosphorkeule

auf dem Portal myStorys vertreten

shortstory
Böse Onkels

Ein wunderschöner Nachmittag, in den letzten Apriltagen 2007. Der 40 jährige Klaus M., liegt auf seiner Sonnenliege im Garten und lässt sich von den Sonnenstrahlen streicheln.

Schon seit Wochen hat es nicht mehr geregnet und die einst so saftigen Blätter an den Bäumen und Sträuchern, lassen so langsam ein wenig die Köpfe hängen. Sein achtjähriger Sohn Alexander, den er über alles liebt, spielt vor dem Garten mit seinem Plastikball Fußball.

Klaus ruft seinem Sohn zu: „Hey Tiger, kommst Du gleich mit in den Keller, den Wasserschlauch rausholen, die Pflanzen haben es dringend nötig, gegossen zu werden". Alexander rief sofort begeistert: „Ja klar Papi, gerne" zurück. Klaus lächelte zufrieden, bei dem Anblick seines Sohnes.

Und wieder las Klaus die Sätze auf der Karte, die die Klassenlehrerin von seinem Sohn Alex, an seine Eltern geschrieben hatte:

„Liebe Eltern! Vielen herzlichen Dank für die lieben Grüße zu Ostern und die süße Beigabe. Das Gedicht hat mir gut gefallen und ist wirklich zutreffend. Es ist eine Freude, Alexander in meiner Klasse zu haben und es ist deutlich zu erkennen, welches gute Elternhaus er genießen kann. Es tut gut zu sehen, dass es heute auch noch so sein kann. Für Ihre angebotene Hilfe bedanke ich mich und komme bei Bedarf gerne drauf zurück. Ich wünsche Ihnen einen schönen, sonnigen Frühling und Sommer. Mit ganz lieben

Grüßen. Claudia Stanke. Liebe Grüße auch an meine Ex-Schülerin Julia. Vielen Dank".

Schon das sechste oder siebte Mal, hatte Klaus M. diese lieben Worte gelesen und immer wieder erfüllten sie ihn mit vollem Stolz. Diese nette Frau hat schon 12 Jahre zuvor, Klaus große Tochter Julia, mit großem Erfolg unterrichtet, die jetzt mittlerweile ihr Abitur in der Tasche hat.

Er kann es kaum fassen, dass es noch Menschen gibt, die ihm so nette Zeilen schreiben, denn im Grunde ist Klaus M. in der Nachbarschaft total verhasst, weil er einen Widersacher hat, der ihn seit vielen Jahren durch den Schmutz zieht. Leider glauben die meisten Menschen im Umfeld diese Lügen, aber Klaus lacht mittlerweile schon darüber, denn sein Sohn Alexander, gibt ihm jeden Tag neue Kraft zum Leben.

Plötzlich sieht Klaus M., zwischen den Sträuchern seines Blumenbeetes hindurch, wie sein langjähriger Nachbar Michael Fliegner, wieder einmal sturzbetrunken auf den Hof getorkelt kommt. Er war gerade mit seinem Hund und seiner sechsjährigen Tochter Laura, im Park spazieren gewesen. Der Hund, der doch sehr verspielt ist, hatte nur ein Ziel vor den Augen und zwar den Ball von Klaus Sohn Alexander.

Er bellte und piepste vor lauter Freude und schon kniete sich Michael Fliegner nieder, um seinen Hund von der Leine zu lassen. Mit einem kurzen, schnellen Spurt, setzte sich „Rambo" in Richtung des Balles und biss hinein. Es ging alles so schnell, dass der kleine Alexander seinen Ball gar nicht mehr retten konnte. Mit einem lauten Zischen, wurde das lange Leben von Alexanders Lieblingsball rücksichtslos zerstört. Da auf dem Hinterhof gerade eine Geburtstagsfeier in vollen Gängen lief, haben so einige Leute diesen Vorfall mitbekommen. Stolz brachte der Hund seine erlegte Beute dem Herrchen zurück und die Menge lachte. Alexander setzte sich weinend auf einen Stuhl und Michael Fliegner rief lautstark in die Menge: „Och guckt mal, jetzt ist er kaputt". Anstatt sich dieser Mann, der selbst zwei Kinder hat, erstmal zu Alexander begab, um ihn zu trösten, stellte er sich stolz mit einer Flasche Bier auf den Hof und trank diese mit großen Zügen leer.

Sein Hund „Rambo", hatte natürlich einen Riesenspaß, denn auch ein paar andere Erwachsene begannen jetzt damit, Alexanders kaputten Ball, immer wieder über den Hof zu werfen und das meist in seine Richtung.

Klaus M. stand mit geballten Fäusten in der Tasche und seine Hände zitterten, bei dem Anblick seines weinenden Sohnes und der lachenden Menge auf dem Hinterhof. Da er die Geburtstagsfeier nicht stören wollte, riss er sich zusammen, in der Hoffnung, dass Michael Fliegner, in den nächsten Tagen, mit einem neuen Plastikball vor der Tür stehen würde.

Laura, die Tochter von Michael Fliegner, bewies, als noch sehr kleiner Mensch auf dieser hässlichen Welt, einen unheimlich starken Charakter, denn sie tröstete ihren Spielkameraden Alexander. Klaus M. streichelte ihr, mit einer kleinen Träne im Auge, über ihr blondes Haar und gab beiden Kindern zum Trost, ein Kratzeis aus.

Michael Fliegner hielt es leider auch in den nächsten Tagen nicht für nötig, sich bei seinen Nachbarn, für diesen ärgerlichen Vorfall zu entschuldigen.

Diese Kurzgeschichte widme ich dem kleinen Alexander und seiner Nachbarsfreundin, die ich in dieser Story Laura Fliegner genannt habe. Ich wünsche euch beiden für eure Zukunft alles erdenklich Gute und hoffe, dass ihr nicht die miesen Charaktereigenschaften vieler Erwachsenen heutzutage, annehmen werdet.

Neun Tage lang, hat Klaus M. auf eine Reaktion von Michael Fliegner gewartet, aber leider vergeblich. Als Klaus seinen Nachbarn persönlich darauf angesprochen hatte, den Ball endlich zu ersetzen, war er wieder einmal betrunken und bestritt alles.
Er bedrohte ihn sogar mit den Worten: „Ich werde dafür sorgen, dass man Dir den Garten wegnimmt."
Alexander erzählte ein paar Tage später, seiner Klassenlehrerin Claudia Stanke, diese Story. Aus lauter Mitleid besorgte diese tolle Frau ihm einen neuen Ball. Als Alex seinem Vater zu Hause stolz den Ball zeigte, fing er vor Freude leise zu weinen an.

Er wusste schon immer, dass nicht alle Menschen schlecht sind und es sich für manche Menschen wirklich zu leben lohnt.

(c) Norbert van Tiggelen

shortstory
Kein feiner Pinkel

Es ist doch nicht zu fassen, was es unter angeblich zivilisierten Menschen, doch für Schweine gibt. Ein guter Bekannter von mir, ich nenne ihn jetzt einfach mal Andreas B., erzählte mir folgende Geschichte:

Genervt schaute Andreas B., der Vater von 4 Kindern, aus dem Fenster in seinen Garten hinein. Obwohl es schon seit Wochen nicht mehr geregnet hatte, war wieder einmal diese Pfütze zu erkennen. Wieder musste er seine Kinder (Jennifer 5, Dirk 7, Jeannette 8 und Manuela 10) darauf aufmerksam machen, einen großen Bogen um diese Lache zu machen, die sich direkt vor dem Gartenzaun befand. Andreas Kollegen nannten ihn schon liebevoll den „Urin-Andi".

Vor ein paar Jahren bekam Andreas B. einen Anruf, von einer aufgebrachten Mutter, einer Freundin seiner Tochter Manuela. Sie beschwerte sich darüber, dass die Kleidung ihrer Tochter bestialisch nach Urin stank. Schon ein paar Tage zuvor, hatte ein Arbeitskollege von Andreas, sich beim Grillen, über den beißenden Geruch beschwert, der in Andreas Garten zu bemerken war.

Das konnte Andreas nicht auf sich sitzen lassen, also machte er sich auf die Suche. Ihm ist schon mehrfach aufgefallen, dass vor der Garage seines Nachbarn Kuno Maschulke, ständig feuchte Flecken zu sehen waren, so auch an diesem Tag.

Vorsichtig roch Andreas an dieser Stelle und wie vom Blitz getroffen, stand er auf und fluchte lautstark über den ganzen Hof: „So eine Schweinerei". Er hatte die ganzen Wochen und Monate geglaubt, dass sich Kuno Maschulke in seiner Garage, nach getaner Arbeit die Hände wusch und dieses Wasser dort ausschüttete, aber dem war wohl nicht so.

Andersrum konnte es jedoch sein, da es einige Hunde auf dem Hof gab, dass sie vielleicht dort hinpinkelten. Genau in diesem Augenblick, kam Kuno Maschulke über den Hof gelaufen und schaute starr auf den Boden. Andreas, der Kuno schon seit einigen Jahren kannte, wusste, dass da was im Busch war. Er fragte ihn direkt, woher die feuchten Flecken vor seiner Garage kamen und Kuno zuckte nur mit den Schultern. Andreas sah, dass Kuno einen knallroten Kopf bekam und schnell wieder verschwand.

Von diesem Tag an, war erstmal Schluss mit den Flecken vor Maschulkes Garage, jedoch etwa 6 Wochen später, fing es wieder ganz zögernd an. Andreas behielt die Sache im Auge und machte gelegentlich Fotos, wenn er diese Pfützen sah, damit er Beweise für seine Hausbesitzer und für das Ordnungsamt hatte.

Andreas begann also damit, sich gelegentlich hinter der Gardine zu verstecken und darauf zu warten, dass Kuno mit seinem Fahrrad zur Garage kam. Vielleicht könnte ja auch einer der Hunde von den Nachbarn kommen, um sein Geschäft zu erledigen, was bis zu diesem Zeitpunkt noch die große Frage war. Dann war es eines Morgens so weit. Kuno kam mit seinem Fahrrad vom Einkaufen und legte die Tüten vor der Garage ab. Er schob sein Fahrrad hinein und nach etwa 2 Minuten, schaute er ganz vorsichtig aus der Garage hinaus, zum Fenster von Andreas hoch.

Schnell duckte sich Andreas hinunter, um sich hinter seinen Pflanzen zu verstecken, was ihm auch gelang. Dann kam das, was er sehen wollte. Ganz vorsichtig streckte Kuno Maschulke den Arm aus seiner Garage, in dessen Hand er einen weißen Eimer hielt, den er dann auskippte. Okay, es war zwar ein Wasserablauf direkt vor der Garage, aber das entschuldigt nichts.

Andreas sagte in den ersten Tagen erstmal nichts, weil er wusste, dass Kuno dieses jetzt wieder häufiger machen würde, wenn er sich unbeobachtet fühlte, was auch geschah. Andreas verbrachte von nun an, mit seiner Sofortbildkamera den Großteil des Tages am Fenster, um Fotos zu schießen. Kuno, der ganz gerne mal einen trank, hatte immer mehrere Kästen Bier in der Garage stehen und so kam es, dass er an einem Nachmittag manchmal bis zu 10

Mal seinen sogenannten „Pinkeleimer" vor der Garage auskippte. Wenn Andreas den ganzen Tag in seinem Garten saß, der sich direkt neben Kunos Garage befand, hatte er es niemals gewagt, diesen Eimer auszuschütten. Er pinkelte diesen dann bis zum Rand voll und wartete solange, bis Andreas nicht da war. Eines Abends, ging Andreas aus dem Garten nach oben in seine Wohnung und als er an Kunos Garage vorbei lief, war dort keinerlei Feuchtigkeit zu erkennen.

Als er zwei Minuten später, in seiner Wohnung aus dem Fenster schaute, traf ihm der Schlag und das gleich zweimal. Erst sah er, wie aus Kunos Garage eine Riesenfontäne heraus geschossen kam, so dass es bis zum Gartenzaun von Andreas spritzte, was eine Sauerei ohne Gleichen war. Was aber danach passierte, war noch viel abscheulicher. Der Lieblings-Hofhund seiner Kinder, der Altdeutsche Schäferhund Namens Rocky, kam schwanzwedelnd zu dieser Pfütze, schnupperte dran und wälzte sich plötzlich mit seinem dicken Fell dort darin, was wohl niemand gesehen hatte. Danach machte er seinen alltäglichen Kontrollgang und ließ sich von jedem streicheln. Auch von der Besitzerin der Imbissbude dort im Haus, die kurz danach ihre Kundschaft bediente, ohne sich die Hände zu waschen. Andreas stellte sich gerade das aufgeschnittene Brötchen vor, das in ihrer Hand lag und darauf wartete, dass sie eine Bratwurst dort zwischen legte.

Schlimm war auch, dass Kuno ein recht einflussreicher Mensch war, der ziemlich viele Leute aus der Umgebung kannte. Wenn Andreas das seinen Hausbesitzern erzählen würde, dann würde Kuno dafür sorgen, dass man ihm seine Wohnung kündigt.

Erneut bewies Andreas B. (Urin-Andi) Mut und stellte Kuno Maschulke direkt am nächsten Tag zur Rede, dass er vom Fenster aus gesehen hatte, wie er einen Eimer aus seiner

Garage kippte. Kuno war wortgewandt und behauptete direkt, dass er seinen Fahrradschlauch in der Garage geflickt hätte und den Eimer Wasser dazu brauchte, um die undichte Stelle lokalisieren zu können, worauf dem lieben Andreas nichts mehr einfiel.

Prompt hörte Kuno auch wieder damit auf, seinen Eimer vor der Garage auszukippen und dieses Mal sogar für einige Monate.

Etwa ein halbes Jahr später, als Andreas schon glaubte, dass dieser Spuk jetzt endlich vorbei wäre, fing diese Sauerei schon wieder an. Zwischenzeitlich hatten Kuno und Andreas schon ein richtig gutes Verhältnis, aber das glaubte der liebe Andreas nur. Auf dem Hof unterhielt sich Kuno scheinbar freundlich mit Andreas und kaum war er in seiner Wohnung, sah er immer wieder diese Sauerei vor seinem Garten.

Andreas hat sich mittlerweile einen Camcorder sowie eine Digitalkamera gekauft. Er besitzt hunderte von Fotos, etliche Videoaufzeichnungen, die er von seinem Fenster aus aufgezeichnet hatte.

Er hat jedoch Angst, gerichtliche Schritte zu gehen, weil er ansonsten seine schöne Wohnung, mit dem großen Garten, verlieren könnte. Mittlerweile ist Kuno so abgebrüht, dass er seinen Eimer sogar schon in Andreas Blumenbeete hinein kippt.

(c) Norbert van Tiggelen

Für Alles Danke

Du hast mich einst im Bauch getragen,
sicherlich mit großen Plagen,
lag ich unter Deinem Herz,
bereitete Dir großen Schmerz.

Du hast mich einst zur Welt gebracht,
nach vieler Qual vor Freud gelacht,
nahmst mich sanft auf Deinen Arm,
gabst mir Liebe, warst so warm.

Du hast mich einst zur Schul gebracht,
unzählige Stullen mir gemacht,
war ich mal zuweilen krank,
pflegtest mich, dann Nächte lang.

Du hast mir einst die Uhr gelernt,
zu einer Zeit, die weit entfernt,
hast mir die Hosen oft geflickt,
löstest Probleme mit Geschick.

Du hast mir einst mein Geld bemessen,
werd ich Dir niemals vergessen,
wärst Du heut für mich nicht da,
käme ich nur ganz schlecht klar.

Nach all den vielen, vielen Jahren,
will ich Dir heut ehrlich sagen,
warst für mich ´ne große Schranke,
ich hab Dich lieb, für Alles Danke!

(c) Norbert van Tiggelen

Gerecht?

Gott hat uns einst die Welt geliehen,
nicht dafür, dass wir Menschen fliehen,
nicht dafür, dass der Eine klaget,
der Andere sich in Schampus badet.

Wo Kinder werden drauf getrimmt,
dass Arme keine Menschen sind,
wo Wahrheit nur ein Wort noch ist,
solange Du alleine bist.

Wo die Robbe wird erschlagen,
damit wir Menschen Pelze tragen,
der Herr mit seinem Schatten prahlt,
das Weibe aussieht wie gemalt.

Wo Liebe meist ein Wort bedeutet,
was man mit Geld sich leicht erbeutet,
entscheidet über gut und schlecht,
ist das denn alles noch gerecht?

(c) Norbert van Tiggelen

Ich hass Dich lieb!

Wenn ich aus dem Fenster schau,
wird mir vor Frust im Magen flau,
die Sonne strahlt die Knospen sprießen,
bloß manchmal könnt ich mich erschießen.

Nachbarn die sich ständig streiten,
die auf And´ren Nerven reiten,
Der Himmel ist heut sternenklar,
die Luft einfach nur wunderbar.

Neid und Raffgier in den Straßen,
Menschen sich zu Tode rasen,
jetzt ein Eis mit schön viel Sahne,
im Briefkasten die Scheiß-Reklame.

Amokläufer immer mehr,
Krebskranke wie Sand am Meer,
habe heute lang geschlafen,
war heut Nacht in Deinem Hafen.

Wale liegen tot am Strand,
die Türme schon lang abgebrannt,
der Flieder duftet draußen zart,
das Leben ist doch wirklich hart.

Robben werden sanft erschlagen,
als Dame von Welt Schmuck getragen,
die Sonne streichelt meine Haut,
der Stadtverkehr ist viel zu laut.

Mein Kopf der bringt mich heute um,
selbst Ehrlichkeit nimmt man mir krumm,
bin meines Glückes selber Schmied,
mein schweres Leben...
ich hass dich... lieb!

(c) Norbert van Tiggelen

In Frieden Leben

Das Leben ist 'ne große Pleite,
voll Menschen auf der falschen Seite.
Voll Hunger, Elend und viel Toten,
mit wenig Herz und Himmelsboten.

Mit Menschen die das Geld nur seh´n,
kein nettes Wort, kein Spaß versteh´n,
mit Raffgier, Hass um jeden Preis,
mit PC´s, Handy´s und so´n Scheiß.

Das Rohöl wird zu Blut gemacht,
was hat denn nur das Volk gedacht,
Sie mussten oft die Welt erleben,
in selbst gebauten Schützengräben.

Schon sehr bald, da kommt die Zeit,
wo wir endlich sind soweit,
so zu denken wie ein Kind,
dass Waffen keine Lösung sind.

Dann wird sich unser Denken wandeln,
nur Hand in Hand zusammen handeln,
Menschen müssen eins bestreben,
dass wir nur in Frieden leben.

(c) Norbert van Tiggelen

Mein Kind, ich wünsch Dir alles Gute

Leider ist die Zeit gekommen,
wo mir Etwas wird genommen,
die Schule ruft Dich nun zur Pflicht,
denn ohne sie geht´s eben nicht.

Ich habe Dich mit ganz viel Liebe,
bis hier begleitet seit der Wiege,
hab Dir versucht, all dass zu zeigen,
wozu Menschen oft nicht neigen.

Sie lügen hier, sie hetzen dort,
oft brechen sie auch gern ihr Wort,

hab Angst, dass Du genauso wirst,
in dieser Welt Dich dann verirrst.

Pass dann bloß mit „Freunden" auf,
denn die gibt´s kaum verlass Dich drauf,
sind meist nur Fahnen die so wehen,
und ganz schnell Ihre Meinung drehen.

Geh Deinen Weg wie Du´s gelernt,
halt Dich von Ärger stets entfernt,
sei immer ehrlich mit viel Mute,
Mein Kind, ich wünsch Dir alles Gute!

(c) Norbert van Tiggelen

Mein schönes deutsches Vaterland

Leute macht die Augen auf,

schaut nicht weg und achtet drauf.

Wo sind wir denn bloß hingekommen,

nichts gelernt und zu gewonnen.

Der kleine Mann malocht sehr schwer,

zahlt Steuern brav, gibt alles her.

Damit viele in diesem „Laden",
den ganzen Tag nur Urlaub haben.
Die Kinder können´s kaum noch fassen,
dass sich die Eltern scheiden lassen.
Drum sind Sie in der Schule schlecht,
fragt keiner nach, ist nicht gerecht.
Später dann in ein paar Jahren,
werden wir uns bestimmt mal fragen,
warum das alles hier verschwand,
mein schönes Deutsches Vaterland!

(c) Norbert van Tiggelen

Helfer der Kleinen

Was hab ich im Leben mit Menschen erlebt,
solang ich parat war, da wurd´ ich geliebt.
Habe ich mal die Meinung gesagt,
wurde die Freundschaft meist abgehakt.

Ich wurde erzogen, niemals zu lügen,
so handelte ich und erntete Rügen,
denn in unserer heutigen Welt,
ist Wahrheit nicht das, was wirklich noch zählt.

Oft habe ich Menschen, die mich belogen,
mit einer Kette aus der „Scheiße" gezogen,
und was war dann am Ende der Dank,
sie machten mich schlecht und leben im Zank.

Ich habe dem Durstigen Wasser gegeben,
dem Schwachen oft meinen Trost geschenkt,
doch waren sie später wieder ganz oben,
wurd´ ich von ihren Lügen ertränkt.

Was hab ich im Leben an Geld verliehen,
da rutschten die Menschen vor mir auf den Knien.
Später dann, nach einiger Zeit,
kam kaum jemand wieder, ist das Menschlichkeit?

Bei wie vielen Umzügen, war ich mit dabei,
ich hastete schwer, oft bis Nachts um zwei.
War es mal so, dass ich war in Not,
schlug ich mit mir selbst, die Zeit meist tot.

Was hab ich aus all diesen Sachen gelernt,
dass ich habe mich von Menschen entfernt.
Doch in meinem Herzen, da werde ich bleiben,
so wie mich Gott schuf,
als „Helfer der Kleinen"...

(c) Norbert van Tiggelen

Der größte „Mann"

Mein Freund, ich muss Dir eines sagen,
mir fällt es auf seit vielen Tagen.
wenn ich Deine Hilfe brauch,
bist Du da, das weiß ich auch.

Im Gegensatz zu and´ren Leuten,
die mir nicht sehr viel bedeuten,
bist Du für mich ein großer Held,
denn für Dich, da zählt kein Geld.

Du lässt Dich nicht von And´ren drehen,
die mich wollen nicht verstehen,
bist meinungsstark, so wie ich auch,
Du bist Einer, den ich brauch.

Und irgendwann in vielen Jahren,
wär´ es schön mit lichten Haaren,
wenn ich zu Dir sagen kann,
als Freund warst Du der größte „Mann".

(c) Norbert van Tiggelen

Dieses Gedicht widme ich all denen Menschen, die immer an mich geglaubt haben. Vielen Dank, ich liebe Euch, ohne Eure Hilfe, hätte ich es niemals geschafft.

Jeannette Bracht, Dirk Dussa, Richard Hofmann, Patrik Wosky, Stefan Bartels, Heike Giuffrida, Marianne Knip, Albert und Erika van Tiggelen, Alexander und Jessica Bracht, Herbert u. Monika Kalwe

Der Morgen – Nachtgedanken

zwei Kurzgeschichten

und

Gedichte individueller Art

Buchstäbliches aus der Schreib-Feder

des
Autoren

Detlev Zesny

alias Trollbaer

auf dem Portal myStorys vertreten

shortstory

Der Morgen

Wie eine schwere, schwarze Decke,
liegt die Nacht auf dem noch jungen Tag.
Stille...

Kein Ast bewegt sich in den Bäumen,
kein Laut ist zu hören.
In wenigen Stunden erwacht der Tag zu neuem Leben.

Allmählich wechselt der Himmel seine Farbe. Die Schwärze der Nacht weicht einem tiefen, dunklen Blau. Ein untrügliches Zeichen dafür, dass es jetzt nicht mehr lange dauern kann. Die ersten Vögel erwachen in den Bäumen. Ihr Gesang reift zu einem herrlichen Morgenkonzert heran und am Firmament ziehen Wolkenformationen, die sich nun am immer heller werdenden Himmel, wunderbar abzeichnen. Langsam nimmt der Verkehr auf den Straßen zu und die ersten Menschen beginnen ihr Tagwerk.

Die Luft riecht frisch und ausgeruht.
Die Sonne erwacht blutrot am Horizont und verdrängt die letzten Nebelschwaden, die noch gespenstisch in den Tälern liegen.
Morgentau benetzt die Wiesen
und Spinnweben glitzern in der Morgensonne.

Ein neuer Tag beginnt -

(c) Detlev Zesny

Der Klang der Träume

Genüsslich sanften Klängen lauschend
Gefesselt der Musik ergeben.
Hinein in fremde Sphären tauchend
Verzückt die Fantasie erleben.

Gedanken die auf Reisen geh`n
In einem tiefen, inneren Ich.
In Welten die man nie geseh`n
An manchem Ort verirrt man sich.

Töne die mir Bilder malen
Menschen die ich einst gekannt.
Was sind Figuren oder Zahlen
In diesem wunderbaren Land?

Vorbei zieht er, der lieblich Klang.
Stürzt mich hinab in eine Schlucht.
Erweckt mich sanft mit Abgesang.
Ich hör`s noch mal, es ist `ne Sucht.

(c) Detlev Zesny

Die Apfelwiese

...für Petra

In der Dunkelheit der Zeit
Im Strom der vielen Jahre
Sah ich Dich nur in der Ferne
Und im Mondlicht Deine Haare

Und im Nebel meines Lebens
Irrte ich oftmals nur umher
Ich suchte Dich vergebens
Dachte schon Dich gibt´s nicht mehr

Die Wege wurden immer steiler
Der Nebel wurde dicht
Am Ende meiner Kräfte dann
Sah ich ein helles Licht

Und ich wollt´ es gar nicht glauben
Dachte nur an einen Traum
Auf der Wiese, ganz im Nebel
Stand unser Apfelbaum

Wir aßen von den Früchten
Ob verboten oder nicht
Doch sie führen uns hierher
Ins helle Sonnenlicht

Im hellen Schein der uns umgibt
Verflogen all die Jahre -
Ich seh´ Dich jetzt ganz in der Nähe
Und im Mondlicht Deine Haare.

(c) Detlev Zesny

Flammendes Herz

Oh Du Verführung, süßes Gift
welch Macht hält mich in Deinem Bann?
Mich unbändig Gefühl ergriff.
Ich sonst an nichts mehr denken kann.

Es schmerzt, welch wohlig Wonne
die sanft mein Inneres beseelt.
In`s Herz so scheint mir warm die Sonne
und trotzt der Sehnsucht die mich quält.

Welch lieblich Stimme, mein Ohr erquickt
Lachen zart wie Feengesang.
Wohlgeruch der die Sinne beglückt,
so federleicht Dein sanfter Gang.

Loderndes Feuer, flammendes Herz
Wie erdrückend diese Pein
Oh, wie so wohl tut mancher Schmerz.
Ach könntest Du doch bei mir sein.

(c) Detlev Zesny

Zweifel, oder?

Er sagt

Ich will seh`n mit gerechtem Blick.
Ich will reden mit Gefühl.
Möchte handeln mit Verstand,

auch mal streicheln Deine Hand.
Ich will hören mit dem Herzen.
Und fühlen mit Genuss.
Ich will Liebe ohne Schmerzen
und von Dir `nen dicken Kuss.

Will Dich tragen auf den Händen.
Und will denken mit dem Bauch.
Ein Bild von Dir an allen Wänden.
Ich frage mich, willst Du das auch?

Und sie sagt

Wirst Du mich denn auch versteh`n
wenn ich mal am Boden bin?
Wirst Du meine Tränen seh`n
wenn wir mal nicht glücklich sind?

Kannst Du tragen meine Last
weil auch ich mal älter werde?
Hast Du vielleicht etwas verpasst
wenn ich an Deiner Seite sterbe?

Wenn Du mich auf Händen trägst,
ich frage Dich, was sagt Dein Bauch?
Wenn Du mich liebst und niemals lügst,
dann lieber Mann, will ich es auch.

(c) Detlev Zesny

Das Gedankenlabyrinth

In der Welt der tausend Fragen
und im Land der Fantasie,
im Kopf nur weiße Nebelschwaden,
findest Du den Ausgang nie.

Wie die Wege sich doch gleichen,
obwohl sie doch verschieden sind,
stellt der Irrsinn Dir die Weichen,
für die Wahrheit wirst Du blind.

Der Verstand zeigt Dir die Richtung,
das Gefühl mahnt zu verweilen.
Am Horizont siehst Du die Lichtung,
musst Du nun warten oder eilen?

Mit etwas Abstand, gar von oben,
wie ein Adler wirst Du sehen,
blickst Du hinab dann auf den Boden,
versuchst die Dinge zu verstehen.

Doch im Kopf ein Labyrinth,
verhindert manch Gedankengang.
So kommt es, dass man neu beginnt
und fängt noch mal von vorne an.

Was Du auch tust, wohin Du gehst,
ob einen Schritt vor oder zurück.
mit wachen Augen wirst Du seh`n,
zum Ausgang meist, fehlt nur ein Stück.

(c) Detlev Zesny

Der Regenbogen

Wolkenflug und Himmelssturm.
Winde pfeifen um den Turm.
Urgewalten wollen erwachen.
Blitz und Donner lassen`s krachen.

Schwarz der Himmel, wie die Nacht.
Das Unwetter kommt jetzt mit Macht.
Siehst Du wie sich die Bäume biegen?
Und kein Vogel will mehr fliegen.

Der Wind an allen Dächern rüttelt.
Und Regen wie aus Eimern schüttet.
Aus den Pfützen wird ein See.
Ein Blitz schlägt ein, ganz in der Näh´

Allmählich lässt er nach, der Sturm.
Von fern her heult ein Martinshorn.
Die ersten Vögel singen wieder
Im Schein der Sonne, ihre Lieder.

Ich denke noch: „Das ging ja schnell"
Von Weiten her wird`s langsam hell.
Und dort hinten, ungelogen,
einer der schönsten Regenbogen.

(c) Detlev Zesny

Zeitenwind

Vor dem Spiegel der Zeit
steh´ ich da und blick zurück.
Nun ist mein Weg nicht mehr sehr weit,
ein kleiner Schritt nur, ein kurzes Stück.

Im Meer der tausend Stürme
mein Leben einst begann.
Bestieg ich doch die höchsten Türme,
so ich mich noch entsinnen kann.

Vom Zeitenwind getragen
geriet ich dann in den Orkan.
Der blies mir um die Ohren,
und ich kam keinen Schritt voran.

Die Zeit, sie war nicht aufzuhalten
und die Winde legten sich.
Mit Dir mein Leben zu gestalten
schien das Wichtigste für mich.

Jetzt am Abend meines Lebens,
ein laues Lüftchen nur noch weht.
Die großen Stürme sind vergebens,
weil doch vieles nicht mehr geht.

Ach könnt´ ich einfach nur entschweben
so unbekümmert wie ein Kind.
Ich würd´ manches noch erleben,
mit Dir und mir im Zeitenwind.

(c) Detlev Zesny

Der hellste Stern

Stimmt es, dass das Licht der Sterne
nur kurz leuchtet in der Ferne?
Scheinen sie allein im Dunkeln,
oder hören sie bald auf zu funkeln?

Stimmt es, dass die Sonne irgendwann
das Schicksal teilt und uns verlassen kann?
Wenn es dunkel wird und kalt
und ich den Mut verlier.
Was soll`n wir tun, ist`s wirklich wahr,
so bitte sag es mir.

Jemand hat mir mal gesagt,
dass jeder Mensch am letzten Tag
dort oben die Laterne zündet
und mit seinem Licht verkündet,
er ist uns immer noch ganz nah,
und seine Seele was Besonderes war.

Ist es wahr, wie lang wird`s geh`n?
Wie lang wird die Sonne noch zu uns seh`n?
Bist Du auch Stern mal irgendwann?
Sag mir, wie ich Dich finden kann.

Jemand hat mir mal erzählt,
dass die Welt sich auserwählt,

wer leuchten darf am Himmelszelt
und Trost uns schenkt auf dieser Welt.
Sie beobachten uns nicht,
sondern spenden nur ihr Licht,
das unsre Wege heller macht
und wir uns finden in der Nacht.

Den hellsten Stern, den es je gab
ist der den ich am liebsten mag.
Wenn das wahr ist, bin ich bei Dir,
ich spür`s genau ganz tief in mir.
Weiß immer wo ich Dich suchen soll,
denn die Zeit mit Dir ist einfach toll.

(c) Detlev Zesny

(inspiriert durch das Lied "Ist es wahr?"
auf der CD "Die Liebe scheißt..." aus dem Jahr 2005, von Axel Zesny)

shortstory
Nachtgedanken

Allmählich verschwindet die Sonne am Horizont.
Der Abendhimmel spiegelt sich blutrot in dem kleinen Dorfweiher, über dem sich bereits die ersten Mückenschwärme gebildet haben. Wie kleine silberne Pfeile schnellen die Fische aus dem Wasser, um sich an den Insekten zu laben.

Die Vögel machen es sich jetzt in den Bäumen bequem und singen hier und da noch ein paar ihrer Lieder.

Dann wird es still.
Nur die Grillen sind jetzt noch zu hören, aber auch sie schließen sich bald der allgemeinen Ruhe an.

Leises Rauschen in den Bäumen und ganz in der Ferne Verkehrslärm. Der Mond, der sich jetzt im Wasser spiegelt, strahlt ein fast schon gespenstisches Licht, in die nächtliche Einsamkeit. Beim genauen Hinsehen, lassen sich jetzt auch kleine Fledermäuse beobachten, die sich im hellen Mondlicht abzeichnen.

Über dem Weiher steigt Nebel auf und allmählich spürt man, wie sich die Kälte ihren Weg durch die Kleidung sucht. In der sternenklaren Nacht schaue ich in den Himmel und versuche den Orion, Kassiopeia oder den großen Wagen zu finden.

Auf dem Weg nach Hause, drehe ich mich noch einmal um.

Wie wunderschön es doch dort ist...

(c) *Detlev Zesny*

Wir hoffen, dass wir Ihre Schmökerlust wecken konnten und bedanken uns recht herzlich für Ihre Lesemühe

...im Anschluss stellen sich die einzelnen im Buch ourStory vertretenen Schriftstellerinnen und Schriftsteller, mit einer kleinen Autorenvita kurz vor.

Autorenvitas

Stefan Bartels geboren 1970 in Norden/Ostfriesland, schreibt seit dem zehnten Lebensjahr Kurzgeschichten und Romane. Aufgewachsen an der Nordseeküste, spiegeln sich in vielen seiner Romane, die Einflüsse der Norddeutschen Küstenregionen wieder. Er lebt mit seiner Frau und seinen drei Kindern in Osteel, einem kleinen Ort in der Nähe von Norden.

Schreiben ist ein Lebenselixier für ihn, ohne die Worte aus seinen Fingern fließen zu lassen, ist er nur ein halber Mensch. Beeinflusst von Theodor Reisdorf, Stephen King, Terry Prattchet und Noah Gordon, sind seine Werke vielseitig und in keinem festen Genre zu finden.

Auf der Plattform myStorys.de hat er, alias Dragonfly, zum ersten Mal die Gelegenheit, seine Werke zu veröffentlichen und dem breiten Publikum zu unterbreiten. Momentan arbeitet er an der Publikation seines Romans „Hoyers Erben" und nebenbei an mehreren neuen Romanen. „Fly with me" ist eine Hommage an die großen Vampirgeschichten unserer Zeit, die Bram Stokers „Dracula" lange in den Schatten gestellt haben. Der neue Vampir ist galant, gebildet und weiß sich in Szene zu setzen. Viel Spaß beim Lesen wünscht der Autor.

Silvia J.B. Bartl sie lebt in Ihren Ideen und idealisiert nicht Ihr Leben – Leitsprüche: Was man nicht aufgibt, hat man nicht verloren – Es muss im Leben noch mehr als alles geben...

geboren am 30.06.1962 in eine Künstlerfamilie (Musiker und Maler). Abgeschlossene Lehre als Einzelhandelskauffrau, anschließend Angestellte in einem Verlag mit berufsbegleitetem Studium für Werbegrafik & Design. Berufung zur freien Kunst im Bereich, Gestalten, Schreiben und Ideenfindung. Bisher 7 eigene Buchveröffentlichungen im Sachbuch- u. Kinderbuchbereich, sowie Roman und Poesie. Lyrik in einigen Bänden der Frankfurter Bibliothek Cornelia Goethe Institut. Eintrag in die Personenenzyklopädie „who is who". Um anderen Schreibenden die Möglichkeit einer Veröffentlichung zu bieten, rief sie anno 2006 die art of books collection ins Leben - eine Initiative zur Kulturförderung unbekannter Autoren, gleichzeitig Autorenhilfe. Mit ihrem ganzen Wissen und

Können, versucht sie mit Herzblut in uneigennütziger Weise, anderen Schreibenden zu helfen und ihren Sohn, bei seinem jungen virtuellen Verlag art of arts, tatkräftig zu unterstützen. Lebensraum der 3-fachen Mutter und Katzenliebhaberin, ist eine Kreisstadt in Oberfranken, dem Tor zur fränkischen Schweiz.

Schreiben ist für sie die wahre Verbindung zur Welt, bei dem ihr weicher Kern die harte Schale nach außen durchdringen darf... Bei myStorys.de alias artofsilvia vertreten. Autorinnenpage: www.artofsilvia.de.gg

Sylvia Beyen geboren am 18.12.1965, wuchs in einem kleinen Vorort von Köln auf. Sie hatte immer ein inniges Verhältnis zu ihren Eltern und ihren Geschwistern. Einmal geschieden, lebt sie heute sehr glücklich mit ihrem zweiten Mann und ihren drei Kindern in der Wohnung, in der schon sie ihre Kindheit verbrachte.

Ein Märchen, welches die Mutter schrieb, als die Autorin noch in den Kinderschuhen steckte, wurde ein Leitfaden, selber Geschichten zu schreiben. Ihr zweiter Mann ermunterte sie in ihrem Bestreben zu schreiben. Er spornte sie an und gab ihr Kraft, wenn sie nicht weiter konnte.

Sie dankt auf diesem Wege all jenen, die sie mit viel Liebe und Zuversicht unterstützten. Auf myStorys.de alias SylviaB, mit Gedichten und Shortstorys vertreten. Autorinnenpage: www.anima.crazyplanet.de

Heike Giuffrida geboren am 24.01.1969, in Menden, kam eher zufällig zu Ihrem Hobby. Da sie ihren Sohn Riccardo animierte, eine Fortsetzung seines Lieblingsbuches zu schreiben, auf das er schon so sehnsüchtig wartete, suchte Sie im Internet nach Hilfe.

So fand Sie bei dieser Suche die Seite myStorys.de.
Fasziniert von den Autoren und ihren Werken, fasste sie den Entschluss, nun selbst schreiben zu wollen. So reihte sie sich in die Riege der Autoren ein, die in diesem Buch ihren Traum verwirklicht haben. Das erste eigene Buch in den Händen zu halten.

Heike Giuffrida betreibt einen Friseursalon, der nachhaltig ihre Inspiration darstellt. Die Arbeit mit und an den Kunden, verschafft ihr einen großen Pool an Ideen und Eindrücken, die sie fortan in ihren Gedichten und Kurzgeschichten auf myStorys.de alias Sonnenschein veröffentlicht.

Simon Käßheimer vertreten alias Apollinaris auf myStorys.de. Autorenpage www.simon.kaessheimer.de.vu

Marianne Knip ist seit Dezember 2005 in Rente, so hat sie genügend Freizeit und genießt sie auch. Im Juni 2006 saß sie in einem Straßencafe in Stuttgart und beobachtete die Leute, als sich ein fremder Mann an ihren Tisch setzte. Sie kamen ins Gespräch und es stellte sich heraus, dass er Psychiater war. Er gab ihr den Rat, ihre Vergangenheit zu bewältigen und einfach nur aufzuschreiben, was sie erlebt hatte - und dies in Gedichten und Kurzgeschichten zu verfassen. In der Zwischenzeit macht es ihr einfach nur noch Spaß zu schreiben. Dieses findet sich auch auf dem Portal myStorys.de unter dem Namen MarianneK.

Regina Löwenstein ist am 12.08.1993 in Odessa (Ukraine) geboren, wo sie auch den Großteil ihrer Kindheit verbrachte. Mit 9 Jahren ist sie mit ihrer Familie nach Deutschland ausgewandert, wo sie zurzeit erfolgreich das Asam-Gymnasium in München besucht. Ihr Deutschlehrer hat auch ihr Talent fürs Schreiben entdeckt und im Zeugnis entsprechend vermerkt (Zitat: "Im Fach Deutsch zeigte sie erstaunliches, schriftstellerisches Talent"). Aber auch anderweitig wurde sie anerkannt, so hat sie zum Beispiel vor kurzem beim 5. Münchner Kinder-Krimischreibwettbewerb den 1. Platz belegt. Abgesehen vom Schreiben und Lesen, sind ihre Hobbies vielseitig: Computerspielen, Fußball, Aikido (eine Kampfsportart) und demnächst will sie einem Fechtklub beitreten.

Mit dem Schreiben angefangen, hat sie im zarten Alter von ungefähr sechs Jahren; damals hat sie ihren Puppen lustige Abenteuer erleben lassen und diese dann aufgeschrieben, das Ganze wurde ein richtiges kleines Buch. Seitdem schrieb sie eher Kurzgeschichten; der Science-Fiction-Roman "Die Reise ins Schwarze Loch" ist ihr bisher größtes Buchprojekt. Auf dem Portal myStorys.de ist sie als Reggy vertreten. Autorinnenpage: littlecrazyreggy.dreipage.de

Michael Masomi wurde am 11.08.1971, in Krefeld als Michael Betten geboren. Er besuchte Grund- und Hauptschule in seiner Stadt, wo er schon früh sein schriftstellerisches Talent entdeckte, welches aber nicht gefördert wurde. Er schrieb Kurzgeschichten und zeichnete Comics. 1997 Abitur auf dem 2. Bildungsweg. Dort wurde seine Vorliebe für Literatur geweckt. Von 2003 bis 2005 machte er ein Fernstudium der Belletristik, auf der Schule des Schreibens in Hamburg.

2006 war er als Lehrerhelfer tätig und wurde auf derselben Schule eine Art Dozent für Kreatives Schreiben. Michael ist seit 2005 verheiratet, hat eine Tochter und einen Sohn.

Seine Werke sind im Internet, in verschiedenen Foren veröffentlich, hauptsächlich bei myStorys.de – alias Micha2071. Im Mai wurde seine Geschichte „Die besten Burger der Stadt" in art of mystery veröffentlicht. „Wahrheit" & „Das Rennen" die zweite Veröffentlichung bei diesem Verlag. Seine Vorbilder sind Stephen King, Louis de Bernieres und Gabriel Garcia Marquez.

Roland Pöllnitz alias Rajymbek, wurde 1958 in Wolmirsleben bei Magdeburg geboren, lebt seit 1990 mit seiner Familie, in einem kleinen Ort im Umland von Bremen.

Rajymbek schreibt seit seiner Jugend Gedichte und Erzählungen. Beeinflusst wurde er unter anderem von den Romantikern des 19. Jahrhunderts, wie Heinrich Heine und Joseph von Eichendorff, den großen Erzählern des 20. Jahrhunderts Hermann Hesse, Stefan Zweig, Erich Maria Remarque und den Asiaten Galsan Tschinag und Tschingis Aitmatow. Begonnen hat Rajymbek mit Tagebuchnotizen und einzelnen Gedichten. Später folgten vor allem Reiseerzählungen, die er von seinen Begegnungen in Europa, Asien und Afrika mitbrachte, die er im Eigenverlag für einen kleinen Interessentenkreis herausbrachte. Auf Internetplattformen wie schreibart.de und myStorys.de, stellte Rajymbek sich erstmals auch einem größeren Leserkreis.
Momentan arbeitet er an dem Roman „Der Schuh am Baikalsee" und an einem weiteren Lyrikband.

Im eigenen Cherusker Verlag sind bisher erschienen: 1997 »Meilen laufen und Schuhe putzen« Tagebücher einer Kindheit, 1997 »Na denn!« Tagebücher einer Jugend, 1998 »Vier plus Eins« Erzählungen, 1998

»Timos wundersame Reise« Eine Weihnachtsgeschichte, 1999 »Die Perle vom Tian Shan« Reiseerzählung, 2000 »Der weiße Berg« Erzählungen, Essays und Gedichte, 2002 »Eine Nacht auf dem kahlen Berg« Reiseerzählung, 2002 »Begegnungen in Kyrgyzstan« fotografische Impressionen aus dem Herzen Asiens, 2003 »Lyrik am Morgen« Gedichte, 2004 »Wolkendrache« Reiseroman, 2005 »Balladen, die das Herz berühren« Gedichte, 2006 »Die kleine, weiße Stupa« Gedichte. Autorenpage: www.alter-cherusker.de

Martina Schiereck geboren 1983 in Vechta, lebt zurzeit mit ihrem Mann in Dickel bei Diepholz. Seit ihrem 15. Lebensjahr schreibt sie Gedichte, die genauso vielseitig sind wie das Leben.

Vor gut einem Jahr, hat sie die Möglichkeit genutzt und einige ihrer Werke auf der Internetseite schreibart.de veröffentlicht. Von dort gelangte sie dann zu der Internetplattform myStorys.de, wo sie regelmäßig unter dem Namen maata, neue Gedichte einstellt. Die Inhalte ihrer Werke überraschen immer wieder aufs Neue und spiegeln ihre Gedanken, Gefühle und täglichen Erlebnisse wieder. Seid gespannt und viel Spaß beim Lesen wünscht die Autorin.

Daniel Schöppe geboren am 31.07.1981 in Krefeld - auch derzeitiger Wohnort. Unter dem Namen Dany veröffentlicht er weiteres auf dem Portal myStorys.de

Melanie Sickler geboren am 14.10.1983, in Sulz a.N., im mittleren Schwarzwald. Mit zwölf Jahren angefangen, kleine Romane für Jugendliche zu schreiben. Für ein Freiwilliges Soziales Jahr, ließ sie den Schwarzwald hinter sich und begab sich 2001 nach Stuttgart. Im Anschluss daran, folgte eine Ausbildung zur Heilerzieherin, in einer Wohngruppe für geistig behinderte Kinder. Durch die Arbeit mit Kindern, hat sie wieder begonnen, Kurzgeschichten für Kinder im Alter von 3-6 Jahren, zu schreiben.

Die Idee zu „Michl, Kroko und die Ollen-Wollen" entstand während ihrer Arbeit. Dort lernte sie einen jungen Menschen kennen, der seit Jahren ein großes Stofftierkrokodil mit ins Bett nimmt und nur mit ihm zufrieden einschlafen kann. Danke an M. und D. Auf dem Portal myStorys.de vertreten als Melanie. Viel Spaß beim Lesen!

Roland Spewak - sein Name ist Roland; wer ist er? Zuerst ein, auf der schwäbischen Ostalb, geborener Tscheche, der aus politischen Gründen, 35 Jahre in Westberlin lebte und dem die Brandung des Lebens nach Bremen verschlug.

Was ist noch über ihn zu sagen? Er war Alkoholiker und ist heute trocken. Eine Vergangenheit, die nur noch für seine Bestimmung – Geschichten und Gedichte aus seinem unerschöpflichen Reservoir seines Lebens zu erzählen, wichtig ist. – Er ist Christ, nur das zählt! Erwähnt sei noch seine Frau, die ihn jedes Mal bestärkt weiter zu erzählen, wenn es mal stockt und drei kleine Kinder, die sich riesig freuen, wenn ein Gedicht den Weg in die Öffentlichkeit gefunden hat.

„Danke den Menschen, die mich hier einluden, etwas aus meinem Leben Preis zu geben. Ich wünsche allen Gottes Segen."
Roland O. Spěwák, auf dem Portal myStorys.de als Hausmann bekannt.
Autorenpage: www.mein-geschichtenland.de

Sascha Tautz geboren 1984, wohnt in Limburg. Er ist auf dem Portal myStorys.de als Mondnebel bekannt. Der Mittelalterfreak schreibt leidenschaftlich gerne, spielt Fußball, betreibt Schaukampf in seinem Mittelalterverein und will später mal Geschichte und Sozialpädagogik studieren. Er liest viel und kocht auch gerne und ist für jeden Spaß zu haben.

Norbert van Tiggelen wurde am 23.05.1964 in Gelsenkirchen geboren. Als Einzelkind einer Arbeiterfamilie, wuchs er zuerst in Essen, ab 1970 in Wanne-Eickel auf. Schon als Kind hasste er Gewalt, Lügen und Ungerechtigkeit. Er selbst sagt: "Gott ist mein ständiger Begleiter". Aus diesem Grund, kämpft van Tiggelen auch in seinen Texten stets für Gerechtigkeit und Fairness.
Der gelernte Klempner und Maler van Tiggelen, lebt mit seiner Lebensgefährtin und seinen zwei Kindern, immer noch in Wanne-Eickel. Die

Geburten von Tochter Jessica, Sohn Alexander und fast 25 gemeinsame unverheiratete Jahre, mit seiner großen Liebe Jeannette Bracht, sind für ihn die Hauptattraktionen seines Lebens. Trotz unzähliger Rückschläge in seinem Leben, verlor Norbert van Tiggelen niemals den Halt, und stand immer wieder auf. Unter dem Pseudonym „Phosphorkeule", ist er nicht nur bei den CB Funkern im Ruhrgebiet und darüber hinaus sehr bekannt, sondern auch auf dem Portal myStorys.de.

Seine innovativen Texte, die im Stile Charles Bukowskis angesiedelt sind, garantieren für pralles Leben und eine Weltsicht, die jedem Leser sofort klar ist.

Van Tiggelen polarisiert, er schöpft die Ideen für seine Texte aus dem wahren Leben, zieht sie dort heraus und verarbeitet sie in Gedichten und Kurzgeschichten. Nicht nur Poesie ist deshalb sein Anliegen, auch das Sozialkritische liegt im am Herzen. Es ist also deshalb kein Wunder, das van Tiggelen in den Literaturcharts so weit nach oben geschnellt ist.
Viel Spaß beim Lesen wünscht der Autor.

Detlev Zesny wurde 1961 in Gelsenkirchen geboren und zog bereits mit sechs Jahren in die Nähe von Hanau um. Dort verlebte er seine Kindheit, ging in die Schule, machte seine Ausbildung zum Maschinenbaumechaniker, um anschließend gleich zur Bundeswehr nach Fritzlar eingezogen zu werden.

Seit fast 19 Jahren, ist er nun als Werkschutzmann in einem großen Unternehmen in der Region tätig. Mit seiner Frau und seinen beiden Töchtern, lebt er nun in Rockshausen, einem Ortsteil von Wabern. Zu seinen Hobbys zählen neben dem Schreiben von Gedichten und Kurzgeschichten, das Modellfliegen und das Hören von Musik. Seiner Frau hat er letztendlich auch zu verdanken, dass es ihm gelungen ist, ein Buch über Musik zu schreiben, da sie der Meinung ist, er würde Musik anders hören als andere. Über diese Aussage hat er seinerzeit nachgedacht und nun liegt das fertige Manuskript vor.

Im Zuge dessen, hat er auch das Schreiben von Gedichten und Kurzgeschichten für sich entdeckt und würde diese gerne in irgendeiner Form veröffentlichen.
Mehrere Beiträge sind auf myStorys unter Trollbaer zu lesen.

Nachwort eines Traums...

So, lieber Leser, da sind Sie nun bei den letzten Seiten eines echten „Dreamworks" angelangt. Wie fühlt sich das an? Sie haben uns, die noch unbekannten, aber eifrig schreibenden „writeaholics" dieses Almanachs kennen gelernt, haben mit uns zusammen geweint und gelacht und das Erzeugnis genutzt, in das wir Schweiß, Tränen, Herzblut und vor allem unsere Moneten investiert haben. Sie haben sich durch Zeilen voller Herzschmerz, Selbstzweifel, aber auch Hoffnung und Liebe geschlagen, haben die Gipfel der literarischen Kunst erklommen, sich einen Weg durch das Dickicht der Dichtung gebannt und sich in den Abgrund poetischen Denkens gestürzt. Danke dafür.

Doch diese wunderbare Reise ist zu Ende...!?

Sie haben richtig gehört! Sie werden wahrscheinlich nie mehr etwas von uns lesen, der Traum löst sich auf wie eine Seifenblase, wird vergessen, wie jede andere Phantasie. Ihre Mühe, das Buch zu lesen, schien umsonst, eine Reise in eine Sackgasse. Sie könnten das Buch jetzt als Brennstoff benutzen, Seiten herausreißen, um Ihre Tränen zu trocknen. Denn es ist ja irgendwie egal. Ein literarischer Albtraum? Beruhigen Sie sich, es war nur ein Scherz! ;)

Wenn Sie allerdings verhindern wollen, dass dieser Traumtrip sinnlos endet, könnten Sie folgendes tun: Kaufen Sie noch ein Buch! ...oder am besten zwei oder drei oder hundertachtundzwanzig! Ich weiß, da wird genau das Selbe drin stehen, aber es gibt einem doch das Gefühl, etwas Neues zu erwerben. Damit würden Sie auch verhindern, dass ein paar sehr geniale Schreiber weiterhin am Hungertuch nagen...

Natürlich könnten Sie auch andere an diesem Traum teilhaben lassen, indem Sie möglichst vielen von uns erzählen! Gönnen Sie ihnen doch dieses unbeschreibliche Lesevergnügen!

Dann könnte bald auch wieder das Papier locken...

(c) Regina Löwenstein

Verlagsschlusswort

Für Ihre Schmökerlust und den Erwerb von ourStory in gedruckter Form herzlichen Dank, auch im Namen unserer phantastischen Wortkünstler und Wortkünstlerinnen.

Wir würden uns freuen, wenn wir Sie als Leser oder sogar als neue/n Autor/in in einem unserer weiteren Buchprojekte begrüßen dürften und bedanken uns recht herzlich für das uns entgegengebrachte Vertrauen und Ihr Interesse.

    Silvia J.B. Bartl – Autorenhilfe und mehr
    Frederic Bartl – Verlagsinhaber

Unsere weiteren Buchprojekte und Anthologien der art of books collection befinden sich in Planung bis 2010. Die Internetauftritte der jeweiligen Bücher, werden zu Beginn des aktuellen Projektes fertig gestellt. Bei allen Buchveröffentlichungen, ist eine ausreichende Autorenbeteiligung erforderlich. Erscheinung laut Nachfrage. Sollten für ein angekündigtes Projekt nicht genügend Manuskripte bei uns eingehen, behalten wir uns das Recht vor, das jeweilige Buchprojekt nicht zu veröffentlichen. Weitere Infos auf: www.artofbookscollection.de

ourStory erscheint als gedrucktes Buch und als eBook. ourStory ist im web erreichbar unter: www.ourstory.22o.de

herausgebender Verlag

art of arts

    www.artofarts.de

Alle bereits veröffentlichten Bücher & eBooks des Verlages, sind erhältlich bei einigen Autoren/innen –

...und natürlich für alle Leseratten
im Buchbestellshop www.artofbookshop.de.gg

Verlag art of arts – wir hauchen Ideen Leben ein...

Auch unser kostenloser Autorenservice kann sich sehen lassen.
Wir stehen Ihnen gerne mit Rat und Tat zur Seite.

    Autorenhomepage
    Autorencommunity
    artofbooks-email
    Linkliste
    Autorenwebring
    artofbooks-Internetshop
    eigener Autorenbuchshop
    Partnerprogramm
    elektronische Grußkarten

Nehmen Sie mit uns Kontakt auf und geben Sie uns das kostbarste Gut eines Autors – Ihr Manuskript. Wir fertigen mit viel Liebe ein kunstvolles Buch daraus. Unsere Bücher unterscheiden sich von den herkömmlichen in einer Art und Weise, die sich sehen lässt. Und vor allem, die die Individualität des jeweiligen Autoren zum Ausdruck bringt.

Dies sehen Sie auch in den Anthologien der art of books collection. Gerne nehmen wir uns Zeit für Ihre speziellen Wünsche im Buchbereich, bei Ideen, im grafischen Bereich sowie in der Werbung und im Internet – art of arts – Ihr virtueller Verlag verlag@artofarts.de – wahrscheinlich der erste im oberfränkischen Raum.

...wir geben Ihren Buchstaben ein zuhause.

Wir möchten, dass Ihr Manuskript sich wohl fühlt, am besten in Ihrem eigenen Buch, das wir für Sie liebevoll fertigen.
Wir hauchen Ideen Leben ein!

Schreiben Sie gerne?
oder suchen Sie ein wunderbares Geschenk für einen talentierten Schreibenden?

Dann nutzen Sie die Chance zur Veröffentlichung in einer Anthologie der art of books collection

GUTSCHEIN für 1 Buchseite incl. Autorenexemplar gratis in 1 Anthologie Ihrer Wahl

www.artofbookscollection.de

Interessiert? ...unverbindlich auf der Website informieren und beim jeweiligen Projekt im Bestellformular ordern. Schon in der nächsten Anthologie, könnten Sie als unser/e neue/r Autor/in dabei sein – und Ihren Traum, von der Buchveröffentlichung wahr werden lassen...

Im Verlag bereits erschienene Bücher und eBooks:

Bücher der art of books collection

art of words - Band 1	Buch & eBook
art of mind - Band 2	Buch & eBook
art of heart - Band 3	Buch & eBook
art of mystery - Band 4	Buch & eBook
Das Zauberwort das	eBook
Die wahnwitzige megastarke Geschenkefibel	eBook
Ohnemilch	eBook
Agent 0815	eBook
Perfekt – Defekt	eBook
Unglaubliches unter uns	Buch
GPS-Millionenjagd	Buch & eBook
ourStory	Buch & eBook

das Verlagsprogramm ist im www.artofbookshop.de.gg erhältlich.

...dieses Werk besteht aus 28.097 Wörtern, 178.918 Zeichen
von 16 verschiedenen Autoren und Autorinnen, die ihre mit Herzblut verfassten Texte, durch ihre Teilnahme im Buch ourStory der Öffentlichkeit präsentieren.

Beiträge gemäß der neuen Deutschen Rechtschreibung.
Für Druckfehler keine Haftung.